Das Geheimnis der Bestnote

Wie du deine Lernzeit verkürzt, deinen Schnitt verbesserst und deine Freizeit verdoppelst

Vlad Kaufman

DAS GEHEIMNIS DER BESTNOTE

Wie du deine Lernzeit verkürzt, deinen Schnitt verbesserst und deine Freizeit verdoppelst

VLAD KAUFMAN

Inhaltsverzeichnis

Einleitung: Was du von diesem Buch erwarten kannst

Dieses Buch ist nicht für jeden geeignet. Es kann gut sein, dass du beim Lesen vor allem im ersten Kapitel, emotionale Turbulenzen erleben wirst, denn du wirst von Grund auf den Zusammenhang zwischen dem Lernen und unseren Emotionen verstehen. Beide sind untrennbar miteinander verbunden und wenn du dies verstehst, dann hast du das erste Geheimnis der Bestnote aufgedeckt. Du wirst mit großer Wahrscheinlichkeit neue Energie spüren und mit neuer Motivation an das Lernen herangehen.

Mit dieser Motivation wirst du lernen, wie du diese produktiv einsetzt, denn die beste Motivation nützt dir nicht viel, wenn du nicht weißt, wie du sie richtig einzusetzen hast. Du wirst im 2. Geheimnis lernen, wie unser Gehirn funktioniert und was du beim Lernen zu beachten hast, um das Maximum aus deiner begrenzten Zeit und vor allem aus deiner Konzentration herauszuholen.

Sobald du weißt, wie du deine Konzentration richtig einsetzt, werde ich dich an die Hand nehmen und dir das 3. Geheimnis der Bestnote zeigen: Wie du deine Konzentration auf das lenkst, was für dich und deinen Lernerfolg wirklich wichtig ist. Du wirst lernen, wie du Prüfungen angehst und was du lernen musst, um deinen Notenschnitt zu verbessern.

Das 4. Geheimnis widmet sich der Frage, wie du in minimaler Zeit das Maximum an Informationen in deinen Kopf bekommst. Egal, ob es darum geht, Vokabeln zu lernen, Dinge zu verstehen oder komplexe Formeln zu lernen: Nach diesem Kapitel wirst du lernen wie die Weltmeister.

Ich muss dich an dieser Stelle auch warnen: Das hier ist ein Praxisbuch. Wenn du mit der Erwartung herangehst, dieses Buch einfach zu lesen, und dir vom Lesen alleine eine bessere Note versprichst, ohne deine alten Lerngewohnheiten zu verändern, dann brauchst du an dieser Stelle erst gar nicht weiterzulesen. Dann ist dieses Buch für dich nicht geeignet, denn Bestnoten erhalten nur diejenigen, die bereit sind, etwas Neues auszuprobieren und Dinge in ihrem Leben zu verändern.

Dieses Buch ist also nur dann für dich perfekt, wenn du aufrichtig bereit dazu bist, an dir zu arbeiten, dir Schwächen einzugestehen und offen zu sein, denn gerade im ersten Kapitel wird es turbulent: Du wirst lernen, warum wir Menschen uns beim Lernen sabotieren, warum wir „faul" sind und warum unsere Gefühle so viel mit Schule, Studium und Prüfungen zu tun haben.

Aber habe keine Angst: Dieses Buch ist alles, was du brauchst, um erfolgreich zu lernen. Und da du es gekauft hast und es gerade liest, hast du bereits den ersten und wichtigsten Schritt getan: Du hast den Willen gezeigt, dass du etwas verändern möchtest.

Versuche, während des Lesens diesen Willen zur Veränderung beizubehalten, und übe so viele in diesem Buch beschriebene Dinge, wie du nur kannst. Es kann gut sein, dass du durch die vier Geheimnisse der Bestnote deine Prokrastination für immer überwindest, wie ein Gedächtnisweltmeister 100 Dinge an einem einzigen Tag auswendig lernen kannst und selbst den schwersten Lernstoff schneller verstehst, weil du weißt, wie du ihn zu lernen hast.

Du wirst hier keine 08/15 Mindmap-Techniken, farbige Ordner, schnelleres Lesen oder Techniken zum Notizenmachen bekommen.

Das ist was für Anfänger! Hier erfährst du Geheimnisse, durch die du deine Welt des Lernens revolutionieren kannst.

Also: Sei offen, habe Spaß und mache so viel mit, wie du nur kannst!

Geheimnis #1: Warum so viele am Lernen scheitern

Damals zu Beginn meines Logistik-Ingenieurstudiums im Oktober 2013 habe ich mit etwa 80 Kommilitonen angefangen. Laut einer Statistik meiner Hochschule haben lediglich 45 Absolventen das Studium beendet, das sind nur 56 %! Wie kann es sein, dass fast die Hälfte meiner Mitstudenten es nicht geschafft haben, und einige sogar teilweise drei bis vier Jahre studiert haben, um anschließend abzubrechen?

Es handelt sich zwar um einen Ingenieurstudiengang, aber meiner Meinung nach nicht um einen besonders schweren, zumindest nicht nachdem ich die eine oder andere Horrorstory von meinen Maschinenbau-Kollegen gehört habe, die sich am Fach Thermodynamik erfreuen durften. Dort lag die Durchfallquote bei gut 80 %. Wenn du jetzt im Studium lediglich drei Versuche hast, dann kannst du dir schon mal ausrechnen, wie viele im Fach Maschinenbau aufgrund einer nicht bestandenen Thermodynamikprüfung durchrasseln.

Die Abbrecherquoten für Maschinenbau sind ähnlich zu meinem Logistikstudium. Natürlich ist der Schwierigkeitsgrad des Studiengangs auch von der Hochschule abhängig, jedoch brauche ich mit dir nicht darüber zu streiten, dass das Fach Maschinenbau anspruchsvoller ist als Logistik: Wir hatten keine Klausuren mit einer Durchfallquote von 80 %. Im Durchschnitt waren es etwa 20 %, was für eine Uniklausur völlig normal ist.

Dennoch haben in Logistik etwa genauso viele Studenten abgebrochen, wie im deutlich schwereren Studiengang Maschinenbau. Wie ist das möglich? Der Schwierigkeitsgrad allein kann es also nicht sein.

Es gibt selbstverständlich Korrelationen zwischen bestimmten Studiengängen, Schwierigkeitsgraden und Abbrecherquoten. Diese Durchschnitte sind für Ingenieurstudiengänge typisch. Dennoch bleibt die Frage offen, warum in einem Studiengang, welcher nur einen mittelmäßigen Anspruch hat, so viele Studenten versagen?

Vielleicht wirst du jetzt denken „viele sind einfach zu faul" oder etwa „nicht intelligent genug". Genau an dieser Stelle beginnt das Problem, warum so viele Schüler und Studenten am Lernen scheitern. Und es ist ganz und gar nicht das, was du denkst.

Menschen sind von Natur aus motiviert und wollen voranschreiten. Ich habe noch nie in meinem Leben einen Menschen gesehen, der per se faul ist. Das Problem ist, dass das, was wir als Faulheit oder auch als Prokrastination bezeichnen, selten das eigentliche Problem im Kern ist, sondern ein Anzeichen dafür, dass etwas im Leben dieser Person nicht stimmt.

Faulheit und Prokrastination sind kein Problem, sondern ein Symptom eines Problems.

Oder anders ausgedrückt: Wenn wir nicht motiviert sind, dann liegt das daran, dass es etwas in uns gibt, das wir noch nicht verstanden haben.

Bevor wir dieser Sache auf den Grund gehen und verstehen, warum wir manchmal unmotiviert sind und warum wir das Lernen vor uns herschieben, lass mich dir bitte an dieser Stelle einen ernst gemeinten Ratschlag geben, falls du unter diesen Problemen leidest: Es ist egal, welche Lern- oder Produktivitätstechniken, Organisationsmethoden und Last-Minute Gehirnjogging-Strategien du in diesem Buch lernen wirst – wenn du nicht das folgende Prinzip verstehen, annehmen und praktisch anwenden kannst, dann werden dir alle nachfolgenden Techniken, die ich dir zeigen werde, nicht viel bringen, egal, wie konsequent du es versuchst.

Stelle dir einen Herrn Einstein vor, der zwar genau weiß, wie er Mathematik zu lernen hat. Wenn er aber nie die Motivation dazu aufbringen kann, sich hinzusetzen und loszulegen, dann bringt ihm selbst ein IQ von 200 nichts mehr.

Die eigenen Gefühle: Der Schlüssel, um Motivation und Prokrastination zu verstehen!

Bevor es nun ans Eingemachte geht, bitte ich dich, die folgenden Zeilen besonders aufmerksam zu lesen. Ich werde dir eine Reihe von Beispielen geben und möchte, dass du bei jedem einzelnen Beispiel probierst, dich genau in diese Situation hineinzuversetzen und nachzufühlen, ob du dich manchmal auch so verhältst oder nicht. Je mehr du hier für dich selbst gewinnen und über dich selbst herausfinden kannst, desto leichter wird es für dich, Motivation aufzubauen und deine Prokrastination zu überwinden. Je ehrlicher du hier gegenüber dir selbst sein kannst, desto schneller kommst du an das Ziel deiner Bestnote.

Vielleicht hast du dich gerade bei dieser Überschrift gefragt, was die eigenen Gefühle mit dem Lernen zu tun haben sollen? Sehr viel! Sei es nun Angst, die durch Prüfungen entsteht, Schuldgefühle, die durch das Aufschieben von Lerneinheiten entstehen oder Langeweile, weil das zu lernende Fach als belanglos wahrgenommen wird. Aber auch viel Wut, die auf den Lehrer oder auf sich selbst entstehen kann, z. B. wenn die Prüfung nicht bestanden wurde oder die Lerninhalte zu kompliziert sind.

Das Lernen hat also viel mit Gefühlen zu tun, es wird geradezu von Gefühlen dominiert.

Wenn du verstehen möchtest, wie Motivation entsteht, warum sie bei vielen Menschen ein Problem darstellt und weshalb so viele Menschen prokrastinieren, musst du deine eigenen Gefühle verstehen.

Was genau meine ich damit?

Wir Menschen sind – auch wenn wir es nicht gerne zugeben – emotionsgesteuerte Wesen. Wenn wir uns ein neues Handy kaufen möchten oder die nächste Party am Samstag besuchen wollen, dann treffen wir diese Entscheidung, weil wir damit ein bestimmtes Gefühl assoziieren. In diesem Fall ist es Freude, Aufregung oder einfach nur Spaß, den wir durch den Kauf des Handys oder durch den Besuch der Party erwarten. Genau dasselbe entsteht beim Lernen: Wenn du in eine Vorlesung gehen musst oder wenn du weißt, dass du noch 150 Seiten Skript auswendig lernen musst, dann entsteht ein Gefühl (z. B. Ohnmacht, Überforderung, Angst, etc.). Falls du unter Motivationsproblemen leiden solltest und demzufolge diese Aufgabe vor dir herschiebst, dann ist es sehr wahrscheinlich, dass bei dir eine gewisse Panik, Angst, Druck und Stress entsteht, sobald du an die 150 Seiten Skript denkst.

Und genau an diesem Punkt entsteht das eigentliche Problem der

Prokrastination: Weil dir diese Gefühle nicht gefallen und weil du dich vor ihnen fürchtest, läufst du vor ihnen weg. **Das Problem sind also nicht die 150 Seiten Skript, sondern das Gefühl, welches du damit verbindest.**

Dieses Weglaufen vor den Gefühlen wird in der klinischen Psychologie bzw. der Psychoanalyse als *Abwehrmechanismus* bezeichnet. Abwehrmechanismen sind nichts anderes als Schutzmechanismen deines Unterbewusstseins, die das Ziel haben, unerwünschte Gefühle beiseitezuschieben, die als störend wahrgenommen werden. Wichtig ist: Die Abwehr von Gefühlen findet vor allem dann statt, wenn sich der Mensch nicht dazu imstande fühlt, diese Gefühle zu verarbeiten bzw. sie zu konfrontieren.

Warum genau benutzen wir Abwehrmechanismen und was macht sie für das Lernen so wichtig?

Stell dir dazu vor, du wärst in der Steinzeit und lebst zusammen in einer Gruppe mit 10 Menschen. Damit du weiterhin überleben kannst, ist es absolut essenziell, dass du bei deiner Gruppe bleibst, denn allein kannst du keine Tiere jagen und nach Beeren und Früchten Ausschau halten. Damit die gesamte Gruppe in Takt bleiben kann, ist es wichtig, untereinander ein gewisses Level an Harmonie und Gegenseitigkeit zu gewährleisten und Feindseligkeit zu vermeiden.

Jetzt ist es aber leider so, dass du den Anführer deiner Gruppe – Siegfried – auf den Tod nicht leiden kannst, weil er dich regelmäßig vor der gesamten Gruppe mobbt und dich als Einzigen schlecht behandelt. Du hasst ihn richtig, würdest ihm am liebsten eine verpassen und ihn aus der Gruppe jagen. Dieser Siegfried ist dir jedoch körperlich überlegen. Er wird von den anderen Mitgliedern in deiner Gruppe verehrt und geachtet. Wenn du ihn zum Kampf herausfordern würdest, droht dir der Rausschmiss aus der Gruppe und damit der sichere Tod, weil du allein in der Savanne nicht lange überleben wirst.

Dein Unterbewusstsein ist sich dessen bewusst. Gleichzeitig weiß es aber, wie sehr du diesem Siegfried verachtest und dass dieser Hass früher oder später zur Eskalation führen wird. Und an genau dieser Stelle wird ein Abwehrmechanismus deines Unterbewusstseins eingesetzt, um dein Überleben zu sichern. In diesem Fall lautet der Abwehrmechanismus **Verdrängung**. Die drohende Eskalation aufgrund deiner Wut und deines Hasses gegenüber Siegfried wird verdrängt (das Gefühl wird abgewehrt). Nachdem du diesen Hass verdrängt hast, kannst du nun in Ruhe mit Siegfried weiterleben, ohne den halben Tag damit zu verbringen, Pläne zu schmieden, wie du ihn mit Gewalt aus der Gruppe jagst.

Es wird also ein starkes Gefühl beiseitegeschoben, denn das Nachgehen dieses Gefühls (also der Ausdruck dessen in Form von Gewalt) könnte eine Gefahr für dich und dein Leben bedeuten. Das Verdrängen von Gefühlen hat jedoch einen Haken: Je stärker das Gefühl ist, das verdrängt wird, desto stärker sind die Nebenwirkungen:

1. Das Verdrängen von Gefühlen kostet eine Menge mentaler Energie, die dann an anderer Stelle fehlen wird.
2. Verdrängte Gefühle bleiben in anderer Form bestehen bis zu dem Moment, in dem sie verarbeitet werden.

Kurz gesagt: Wenn das Gefühl nicht konfrontiert wird, raubt es dir jeden Tag konstant Energie, denn das dauerhafte Verdrängen kostet dich *Konzentration*. Zusätzlich wird sich das verdrängte Gefühl auf unterschiedlichste Art und Weise wieder bei dir zeigen, z. B. durch schlaflose Nächte, Angst oder sogar Depressionen. Wird dir allmählich klar, worauf ich hinaus möchte?

Wie Prokrastination entsteht

Was genau haben also verdrängte Gefühle und die Steinzeit mit dem Lernen, Prokrastination und Motivation zu tun?

Lass mich dir dazu ein Beispiel aus dem Kontext des Lernens geben: Du bist in der 12. Klasse und schreibst in zwei Wochen eine Matheklausur. Mathe ist mit Abstand dein schwächstes Fach. Ein Teil von dir weiß zwar, dass du eigentlich seit Beginn des Halbjahres täglich dafür lernen müsstest, weil dir noch so viel Grundwissen beim Umstellen von Formeln fehlt. Jedoch ist das Problem, dass du, sobald du nur daran denkst, dich hinzusetzen und für Mathe etwas zu lernen, du eine extreme Angst bekommst. Diese Angst entsteht bei dir einerseits, weil du weißt, wie schwer dir Mathe fällt und andererseits, weil die Zeit bis zum Klausurtermin immer näher rückt.

Jetzt stehst du (unbewusst) vor der Wahl: Konfrontierst du diese Angst, indem du dich hinsetzt und am eigenen Leib und mit 100 % Bewusstsein erfährst, wie viele Lücken du in Mathe hast und wie schwer dir dieser Lernstoff fällt? Da die emotionale Ladung, die dieses Gefühl mitbringt, zu stark ist, entscheidest du dich stattdessen dazu, an der Playstation ein paar Stunden lang GTA zu spielen. Du fühlst dich diesen Gefühlen einfach nicht gewachsen und lenkst dich stattdessen ab, um dieses Gefühl nicht konfrontieren zu müssen.

In diesem Fall lautet der Abwehrmechanismus **Regression** (lateinisch: regredi = zurückgehen). Ein regressives Verhaltensmuster tritt dann auf, wenn der Mensch sich nicht dazu imstande fühlt, eine bestehende Aufgabe (in diesem Fall das Lernen) zu bewältigen und stattdessen auf kindliche Verhaltensweisen zurückgreift, anstatt an der Frontlinie das Problem in Angriff zu nehmen.

Die Regression ist das Gegenteil der Progression und damit auch eine Spielart der Verdrängung, denn in beiden Fällen wird die Notwendigkeit, das Problem am Kern zu packen, beiseitegeschoben und stattdessen einer anderen Tätigkeit nachgegangen.

Sobald du verdrängt hast, dass du noch etwas zu lernen hast, dass du noch eine Hausaufgabe erledigen musst oder dass du ein Referat halten musst, bist du zumindest für kurze Zeit dieses unangenehme Gefühl los und kannst dich wieder Dingen widmen, die mehr Spaß und Freude bringen. Langfristig gesehen weißt du sicherlich tief in dir, dass diese Taktik nicht gerade produktiv ist, dir schadet und dich selbst sabotiert, aber unbewusst entscheidest du dich dafür, weil du einfach dieses Gefühl, sei es nun diese furchtbare Prüfungsangst, Stress oder das Eingeständnis, dass du nicht mehr genug Zeit zum Lernen hast, nicht ertragen möchtest.

Ein besonders wichtiger Abwehrmechanismus in Bezug auf das Lernen ist die **Abwertung**. Eine Abwertung entsteht oft dann, wenn dem abwertenden Menschen etwas passiert, was nicht in sein eigenes Weltbild passt. Die Abwertung dient ihm dann dazu, sein angegriffenes Weltbild aufrechtzuerhalten. Anstatt sich also einzugestehen, dass mit einem selbst etwas nicht stimmt, wird die Schuld des Problems außen gesucht, um die Balance aufrechtzuerhalten.

Während meines Logistikstudiums habe ich mich im ersten Semester enorm darüber aufgeregt, wie viele Referate wir halten mussten. Ich bezeichnete all diese Präsentationen als sinnlose Zeitverschwendung und die Professoren, die uns dazu gezwungen haben, für ignorante Arschlöcher, die uns einfach nur quälen wollen, damit sie selbst während der Vorlesung nichts tun müssen. Ich hatte wirklich keinen Bock, immer und immer wieder vor Publikum sprechen zu müssen und mich zu Hause stundenlang vorbereiten zu müssen.

Was ich mir aber damals nicht eingestehen konnte, war die Tatsache, dass ich furchtbare Angst davor hatte, vor anderen Menschen zu sprechen. Ich war zu Beginn meiner Studienzeit so menschenscheu, dass ich am liebsten den ganzen Tag lang unsichtbar in den Vorlesungen gehockt wäre, weil ich mich bei jeder möglichen Kommunikationsaufnahme zutiefst unsicher fühlte. Da ich mir das aber nicht eingestehen konnte (dass ich zu ängstlich bin, um Referate vor Menschen zu halten, passte nicht in mein Weltbild, weil ich mir immer eingeredet habe, ich wäre so selbstbewusst), suchte ich lieber die Schuld bei den Professoren.

Was hatte das zur Folge? Weil ich mir selbst gegenüber nicht ehrlich genug sein konnte, hatte ich auch keine Chance, an meinem Problem, also der Angst vor dem Präsentieren, zu arbeiten. Da ich mein Problem erst gar nicht als solches erkannt habe, wertete ich weiter die Professoren und diese „scheiß Referate“ ab. Es endete darin, dass ich eine ganze Reihe von Vorlesungen geschwänzt habe, um bloß nicht präsentieren zu müssen. Was das für Auswirkungen auf meine Noten hatte, kannst du dir bestimmt denken.

Während des Studiums hatte ich einen sehr guten Freund namens Tom. Tom war ein sehr gelassener Typ, mit dem ich eine richtig geile Zeit während des Studiums hatte. Sein Problem waren diese verdammten Seminararbeiten, von denen wir Logistiker viel zu viele bekamen. Unsere Seminararbeiten waren sehr umfangreich, demzufolge bezahlt man einen besonders hohen Preis, wenn man diese Seminararbeiten aufschiebt. 30.000 Zeichen mit mindestens 10 Bücherquellen und eine Abschlusspräsentation innerhalb von einer Woche zu bewerkstelligen ist wirklich schwer, wenn man noch nicht im wissenschaftlichen Arbeiten geübt ist. Vor allem, wenn diese eine Woche kurz vor der Prüfungszeit stattfindet.

Tom hatte insgesamt drei Versuche für diese Seminararbeit und schaffte es jedes Mal, diese erst eine Woche vor dem Abgabetermin zu beginnen. Ich weiß noch genau, wie er bei seinem Drittversuch noch einen Tag vor der Abgabe weitergeschrieben hat, obwohl er noch nicht einmal die Hälfte der Zeichenanzahl erreicht hatte. Immer und immer wieder hörte ich von ihm, dass Seminararbeiten völliger Müll sind und nichts im Studium verloren haben. Seine gesamte Wut und der Stress, den er dabei fühlte, projizierte er auf sein Umfeld und gab den Seminararbeiten die Schuld. „Wenn diese Seminararbeiten nicht so lang gewesen wären, dann wäre es ja kein Problem für mich". Zusätzlich zur Verdrängung kommt hier noch ein weiterer Abwehrmechanismus hinzu: die **Projektion**. Anstatt zu erkennen, dass das Scheitern seines Studiums auch eigene Mitverantwortung trägt, projiziert er die Schuld auf sein Umfeld – auf die schweren Seminararbeiten.

Ich hoffe, dass dir allmählich der Zusammenhang dieser Facetten deutlicher wird. Zwar gibt es eine ganze Vielzahl von Abwehrmechanismen, jedoch haben sie alle eine Gemeinsamkeit: Sie verdrängen Gefühle. Und genau das tut auch derjenige, der prokrastiniert. Der Aufschieber verdrängt nicht den Lernstoff, sondern die *Gefühle*, die durch die Konfrontation mit dem Lernstoff entstehen könnten.

Vielleicht verstehst du an dieser Stelle, warum ich vor ein paar Seiten gesagt habe, dass Faulheit oder gar mangelnde Intelligenz so gut wie niemals der entscheidende Faktor bei Motivationsproblemen ist, denn: In keinem einzigen der eben beschriebenen Fälle war die Faulheit der jeweiligen Person das Problem, sondern das Symptom. Der Schwierigkeitsgrad der zu lernenden Fächer war ebenfalls nicht ausschlaggebend. **Entscheidend war einzig und allein die fehlende Ehrlichkeit gegenüber sich selbst.**

Wie du Prokrastination für immer überwindest

Nun hast du den Zusammenhang zwischen Gefühlen und Prokrastination verstanden, jedoch ist dir noch unklar, was du mit diesen ganzen Informationen über Abwehrmechanismen überhaupt anfangen sollst. Zugegebenermaßen ist dieses Thema wirklich komplex. Es gibt eine Vielzahl von Büchern, die sich mit nur einem einzigen Mechanismus befassen. Lass dich aber davon nicht verwirren, denn für dich ist in erster Linie Folgendes wichtig: Wenn du Prokrastination für immer überwinden willst, musst du nur zwei Fragen konsequent beantworten.

1. Wann, wie und wo schiebe ich etwas auf?
2. Was ist der wahre Grund, warum ich etwas aufgeschoben habe?

Wenn du diese zwei Schritte regelmäßig anwendest, wirst du das Aufschieben mit großer Wahrscheinlichkeit für immer überwinden und deine Motivation langfristig steigern. Ich nenne diese Technik die 2-Schritt-Methode.

1. Schritt: Entdecke, wann, wie und wo du etwas aufschiebst!

Eigentlich wissen wir ziemlich genau, wann wir lernen können, wie viel wir lernen können und wie gut wir den Stoff beherrschen. Manchmal wollen wir das jedoch nicht ganz so genau wissen und rennen vor diesen Tatsachen davon. Sie schlummern jedoch tief in uns. Je nachdem wie stark deine Prokrastination ausgeprägt ist, wird es herausfordernder sein, dieses Schlummern an die Oberfläche zu bekommen.

Stell dir vor, du kommst nach einer Unterrichtseinheit oder einer Vorlesung nach Hause. Du weißt, dass du jetzt lernen könntest. Vielleicht hattest du dir auch fest vorgenommen, dich direkt nach dem Unterricht hinzusetzen, aber du tust es nicht.

Warum nicht?

Beobachte dich hier ganz genau. Was denkst du gerade? Was fühlst du? Was genau willst du stattdessen tun? Was entsteht in deinem Körper, wenn du an das Lernen denkst?

95 % unserer Handlungen werden von unserem Unterbewusstsein gesteuert, wir haben also nur 5 % zur Verfügung, mit denen wir bewusst arbeiten können. Diese 5 % reichen aber völlig aus, wenn wir sie dazu einsetzen, um unseren Verstand, unsere Handlungen und unsere Entscheidungen zu beobachten. Indem wir das tun, decken wir unser Unterbewusstsein und unsere Aufschieber-Muster auf.

Meine persönliche Erfahrung zeigt, dass das Schreiben eines Tagebuchs die beste Methode ist, um verdrängte Gefühle und demzufolge auch Prokrastination aufzudecken. Tue also Folgendes: **Jedes Mal, wenn du weißt, dass du gerade etwas aufgeschoben hast, dokumentiere genau, warum du es getan hast und wie du dich dabei gefühlt hast**. Diese Handlung allein wird dir Klarheit darüber schaffen, was bei dir vorgeht und warum du das Lernen vermeidest.

Wenn du nicht genau dokumentierst, wo, wann und warum du gerade aufschiebst, wirst du immer wieder denselben Mustern folgen und dieselben Ausreden finden, ohne, dass dir überhaupt bewusst wird, wie oft du Ausreden einsetzt.

Ausreden haben die Eigenschaft, dass wir sie anwenden, ohne es wirklich zu merken. So war es auch bei mir: Ich fand immer und immer wieder eine Ausrede, weshalb ich nicht in die Vorlesung gehen sollte, um ein Referat zu halten. An einem Tag war es die starke Sonne, die mir einen Sonnenbrand gegeben hätte (ich bin ein sehr heller Hauttyp), am nächsten Tag war es dann die Ausrede, dass ja sowieso niemand in die Vorlesung gehen würde. Oder was ganz oft vorkam: Ich habe am Tag des Referats „aus Versehen" verschlafen.
Vielleicht ärgerst du dich an dieser Stelle, dass du zusätzlich zum Lernen auch noch ein Tagebuch schreiben sollst: Prokrastination ist ein ernst zu nehmendes und sehr tief liegendes Problem. Das ist auch der Grund, warum 90 % aller Dinge, die du darüber im Internet findest, keine nennenswerten Fortschritte bringen: Weil sie auf kurzfristige Erfolge ausgerichtet sind und das Problem nicht im Kern beseitigen.

Du kannst einem potenziellen Aufschieber 20 Lernstrategien beibringen. Du kannst ihm zeigen, wie er bis zu 100 Vokabeln an einem Tag lernen kann (das wirst du im späteren Verlauf dieses Buches erfahren). Wenn er aber nicht versteht, dass er immer wieder aufschiebt, weil er vor seinen Gefühlen wegrennt, dann wird auch die beste Lernstrategie aufgeschoben und das beste Lernmaterial nicht verwendet. Genau aus diesem Grund ist es so wichtig, dieses Thema so ausführlich zu besprechen, denn: Lerntechniken und gesteigerte Produktivität zu erlernen ist einfach, die innere Arbeit zu leisten aber deutlich schwerer.

2. Schritt: Verstehe den wahren Grund, weshalb du aufschiebst

Dieser Schritt ist deutlich herausfordernder als das Dokumentieren. Wenn du schon an dieser Stelle direkt loslegen willst, dann kannst du an vergangene Ereignisse denken, in denen du etwas aufgeschoben hast.

Nimm jetzt dein Handy oder einen Stift zur Hand, alternativ setze dich an den Computer und überlege für die nächsten 15 Minuten, an welchen Stellen du prokrastinierst und warum. Durchforste deine Vergangenheit.

Sobald du mehrere Fälle aufgeschrieben hast, stell dir zu jedem einzelnen dieser Fälle die folgenden drei Fragen:

1. Was ist der wahre Grund, warum ich in dieser Situation nicht gelernt habe?
2. Bin ich wirklich zu 100 % ehrlich zu mir selbst?
3. Ist der wahre Grund vielleicht das Gegenteil von dem, was ich glaube?

Unser Unterbewusstsein arbeitet gerne mit Gegenteilen. Oftmals geben wir den anderen die Schuld, damit das Unterbewusstsein eine möglichst große Distanz zwischen uns und der Schuld schafft. Genauso wie ich die Professoren beschuldigt habe, obwohl ich selbst schuld war.

Sei an dieser Stelle gewarnt: Wenn du dir diese Fragen wirklich stellst, dann können dabei sehr starke Gefühle hochkommen: Wut, Angst, Trauer, Scham, Enttäuschung. You name it! Je stärker der emotionale Ausbruch ist, den du in dir spürst, desto eher weißt du, dass du gerade auf dem richtigen Weg bist.

Sobald sich etwas bei dir bemerkbar macht: **Beobachte es**. Hier bist du im absoluten Kern deiner Prokrastination angekommen. Lass diese Gefühle so sein, wie sie sind, und verurteile sie nicht.

Stell dir all diese Gefühle im Zusammenhang mit der Prokrastination wie einen Kelch vor. Diesen musst du trinken. Je mehr Zeit du mit diesen Gefühlen verbringst, sie also spürst, desto eher lassen sie nach und desto mehr verstehst du, warum du aufschiebst und wegrennst. Nach dem Trinken des Kelchs kommt die Erleuchtung.

Je nachdem wie stark die Ausprägung deiner Prokrastination ist, kann ein so überwältigendes Gefühl dabei entstehen, dass du für mehrere Tage oder gar Wochen in ein Loch fällst. Dieses Loch fühlt sich so an, als gäbe es kein Ende und nur noch Leid. Aber habe Mut: Es ist ein gewaltiges Zeichen der Besserung.

Ehrlichkeit tut weh. Deshalb rennen wir auch vor ihr weg. Keiner von uns möchte sich eingestehen, dass wir vielleicht doch nicht so klug, produktiv, matheaffin, leistungsorientiert, mutig oder schreibtalentiert sind, wie wir es von uns selbst denken. Mir hat es damals auch wehgetan, mir einzugestehen, wie groß meine Angst vor

Referaten ist und vor Menschen allgemein. Aber nachdem ich das verstanden habe, konnte ich das Problem sehr effizient und präzise attackieren.

Im Folgenden findest du noch weitere Beispiele, anhand derer die Psychologie der Prokrastination deutlicher wird. Schau beim Lesen, ob du dich irgendwo wiederfinden kannst und ob diese Beispiele irgendetwas in dir bewirken.

Lisa merkt beim Lernen, dass sie die wichtigsten historischen Fakten über den Zweiten Weltkrieg in Geschichte immer noch nicht auswendig weiß. Anstatt diese gezielt zu lernen, liest sie lieber zum dritten Mal über die Nachkriegszeit, welche sie bereits beim ersten Lesen zu 100 % verstanden hat. Nachdem sie die Prüfung nicht bestanden hat, schiebt sie die Schuld auf die schwere Prüfung. Ihren Klassenkameraden und gegenüber sich selbst sagt sie, dass sie ja viel gelernt hat. Also muss es an der Prüfung gelegen haben.

Der wahre Grund: Lisa läuft davor weg, den schwierigsten Teil des Lernstoffes von Anfang an anzupacken. Sie kann sich nicht eingestehen, dass das Auswendiglernen ihr besonders schwerfällt und, dass sie hier eine Schwäche hat. Sie nimmt es unbewusst in Kauf, die Prüfung nicht zu bestehen, anstatt das Gefühl der Schwäche zu durchleben.

Es ist Sommeranfang. Antonio ist in der 13. Klasse und sein schriftliches Abitur rückt immer näher. Anstatt sich Schritt für Schritt auf den Lernstoff vorzubereiten, beschäftigt er sich mit einem Nebenjob, da er im Moment knapp bei Kasse ist. Seitdem er einen Nebenjob hat, bekommt er nachts kaum ein Auge zu. Zwei Wochen vor den schriftlichen Prüfungen wird Antonio plötzlich krank und er besteht das Abitur nicht.

Seinen Freunden erzählt er, dass die Krankheit dafür verantwortlich war.

Der wahre Grund: Antonio benutzt den Nebenjob als Ablenkung, um vor den Prüfungen wegzulaufen. Diese bereiten ihm furchtbare Angst, da er den Lernstoff immer weiter vor sich herschiebt. Anstatt die Angst zu attackieren und mit dem Lernen anzufangen, verdrängt er diese Angst und damit auch das Lernen. Da jedes verdrängte Gefühl jedoch starke Nebenwirkungen hat bzw. sich in einer anderen Art und Weise zeigen wird, kommen die Angstgefühle in Form von Schlaflosigkeit nachts zu ihm zurück. Mit jeder Woche wächst der unbewusste Druck durch das Abitur, sodass sich der verdrängte Stress in Form einer Krankheit zeigt.

Marcel hat seinen ersten Studiengang in Maschinenbau nach drei Jahren abgebrochen, weil er eine Drittklausur nicht bestanden hat. Nach dem Abbruch hat er zu Elektrotechnik gewechselt und auch hier steht er vor einem Drittversuch. Seine Eltern rufen ihn seit dem ersten Tag des Maschinenbaustudiums jede Woche an und setzen ihn unter Druck, indem sie ihm sagen, dass er noch mehr lernen soll. Nachdem auch das Elektrotechnikstudium nicht geklappt hat, wird er von seinen Eltern als faul bezeichnet. Auch er denkt, dass er zu faul oder gar zu dumm für ein Studium ist.

Der einzige und wahre Grund, warum Marcel ein Studium begonnen hat, war, weil seine Eltern ebenfalls Akademiker sind. Außer ihm gibt es niemanden in der Familie, der nicht mindestens einen Bachelorabschluss hat. Marcel wollte aber niemals studieren, sondern als Fitnesstrainer arbeiten. Die ständige Prokrastination und die zwei gescheiterten Studiengänge sind ein Ausdruck davon, dass er diesen Weg niemals einschlagen wollte. Deshalb war es ihm von vornerein niemals möglich, genug Motivation für das Studium aufzubringen.

Prokrastination hat deutlich tiefere Ursprünge, als wir uns eingestehen wollen. Wenn du in diesem Buch auf der Suche nach einem Quick Fix warst, dann wirst du durch diese Anekdoten verstanden haben, wie tief so ein Problem sitzen kann. Diese Anekdoten sind übrigens keineswegs frei erfunden, sondern ereigneten sich alle innerhalb meines Bekanntenkreises.

Zusammenfassung: Wie du den Aufschieber in dir für immer überwindest

Prokrastination hat immer etwas mit Gefühlen zu tun, die wir uns nicht eingestehen wollen. Sobald wir etwas aufschieben, schieben wir nicht die Lerneinheit oder die Aufgabe auf, sondern das Gefühl, welches wir damit verbinden. Wir schieben dieses Gefühl beiseite, weil wir uns diesem Gefühl nicht gewachsen fühlen, uns damit jetzt nicht auseinandersetzen wollen oder weil dieses Gefühl eine Wahrheit über uns selbst beinhaltet, die wir uns nicht eingestehen wollen.

Um deine Prokrastination für immer zu beseitigen, musst du verstehen, aus welchem Grund du deinen Lernstoff nach hinten schiebst, welches Gefühl sich dahinter versteckt und welche Wahrheit sich am Ende des Gefühls befindet.

Benutze dazu die 2-Schritt-Methode:

1. Decke dein Musterverhalten auf, indem du dich dabei beobachtest und schriftlich festhältst, sobald du etwas aufschiebst.

2. Schaue dir deine aufgeschriebenen Punkte im Detail an und versuche genau zu verstehen, was der wahre Grund des Aufschiebens war.

Wiederhole Punkt 1 und Punkt 2 mindestens 30 Tage lang. Je mehr Zeit du hinein investierst, desto eher wird deine Prokrastination nachlassen.

Merke: **Je besser du verstehen kannst, was der wahre Grund deiner Prokrastination ist, desto eher wird die Prokrastination nachlassen.**

Ich selbst litt unter gigantischer Prokrastination während der ersten drei Semester meines Studiums. So stark, dass ich ab dem zweiten Semester mehr als die Hälfte meiner Klausuren geschoben oder nicht bestanden habe. Meine eigene Aufschieberei war ein Symptom davon, dass ich während meiner Studienzeit unbedingt eine Freundin und eine Beziehung haben wollte. Demzufolge lag mein Fokus zu sehr darauf, auf Partys zu gehen, Dating Tipps zu lesen und vor mich hinzuträumen, wie es denn wohl wäre, wenn ich endlich eine Freundin hätte (ganz zu schweigen von meiner schweren Computerspielsucht, aber dazu kommen wir später noch).

Durch viel Selbstbeobachtung und Reflexion wurde mir klar, dass ich mein ganzes Studium aufgegeben hätte, nur um irgendwie eine Freundin zu bekommen. Das zu realisieren war bittere Medizin. Nachdem ich das verstanden habe, setzte ich meine Prioritäten neu und legte damit einen ganzen Berg an Motivation frei, der sich seit dieser Offenbarung im Frühjahr 2015 nie mehr wieder gelegt hat.

Deine Gründe für das Aufschieben sind hochgradig individuell.

Mach dir aber keine Sorgen: Sobald du der Wahrheit auf der Spur bist, wird sich die entsprechende Lösung ganz von allein finden. Unser größtes Problem beim Aufschieben ist oftmals der, dass wir selbst die Tatsache, ein Problem mit dem Aufschieben zu haben, aufschieben. Selbst das Aufschieben können wir uns also nicht eingestehen.

Deshalb merke dir folgenden Satz: **Je mehr du dich mit deiner Prokrastination beschäftigst, desto mehr wird sie nachlassen.**

Durch die konstante Beschäftigung mit diesem Thema gibst du deinem Unterbewusstsein ein Signal: Dass du aufdecken willst, warum du dich so verhältst. Je mehr solcher Signale du deinem Unterbewusstsein sendest, desto mehr Priorität erhält dieses Thema. Je mehr Priorität dieses Thema erhält, desto mehr Resultate wirst du in den folgenden Tagen und Wochen sehen.

Wie du eine natürliche Motivation erzeugst, die niemals enden wird

Kennst du auch diese ganzen Motivationsvideos auf YouTube, in denen irgendein Prominenter fünf Minuten lang spricht, untermauert von epischer Musik und kurzen Cut-Szenen? Die Klickzahlen dieser Videos sind astronomisch hoch, was ganz klar zeigt, wie viel Bedeutung das Thema Motivation hat.

Die Studienlage zeigt jedoch ganz klar, dass Motivation von außen nur einen bedingten Einfluss auf die eigene Motivation hat (Legault, 2016). Das ist übrigens auch der Grund, warum du von mir kein „Du schaffst das schon" und „Wenn du noch heute anfängst, dann wird's mit der Motivation jeden Tag leichter" hören wirst. Solche Tipps sind genauso kurzlebig wie das Gefühl nach solchen Motivationsvideos.

Anstatt dich für einen kurzen Moment zu motivieren, gebe ich dir das nötige Werkzeug mit, damit du dich dein ganzes Leben lang selbst motivieren kannst. Und das langfristig.

Die gute Nachricht ist: Du hast bereits die wesentlichen Elemente der intrinsischen Motivation, also der Selbstmotivation von innen heraus im letzten Kapitel verstanden. Kannst du dich noch daran erinnern, wie ich am Beispiel von Antonio beschrieben habe, dass jeder Abwehrmechanismus eine starke Nebenwirkung hat?

Stell dir vor, du bist gerade in der 12. Klasse. Die Qualifikationsphase für dein Abitur hat begonnen. Jede Prüfung zählt. Du versuchst, jeden Tag so hart zu lernen, wie du nur kannst. Trotz deiner besten Bemühungen schaffst du es nur höchstens eine Stunde am Tag zu lernen, obwohl du eigentlich genau weißt, dass du locker vier Stunden schaffen könntest. Immer und immer wieder bekommst du nach der einen Stunde Kopfschmerzen und Konzentrationsprobleme, sodass du nicht mehr weitermachen kannst oder du findest eine Ausrede, um etwas anderes zu tun. Dir ist das zu 100 % bewusst, trotzdem findest du keine Lösung. Du schlussfolgerst, dass du ein Doofkopf bist, der viel weniger Gehirnleistung und Intelligenz hat als alle deine Mitschüler.

Es gibt aber noch eine Sache in deinem Leben, die dir völlig unklar ist: Du bist in einer unglücklichen Beziehung mit deinem Beziehungspartner. Dein Beziehungspartner betrügt dich regelmäßig. Du weißt zwar irgendwo, dass das alles passiert, du verdrängst es aber, weil du so furchtbare Angst davor hast, allein und ohne Partner zu sein. Du lebst in einer Lüge, die dir unheimlich wehtut, welche du aber am Leben erhalten willst, weil du nicht verlassen sein möchtest.

Jetzt kannst du dir vielleicht vorstellen, wie sich diese Lebenssituation auf deine Lernmotivation auswirkt: Dein Unterbewusstsein muss eine enorme Rechenleistung bzw. enorme Energie aufwenden, um diese Lüge am Leben zu erhalten. Eigentlich hättest du die Konzentration, um vier Stunden lang am Tag zu lernen, aber da du Tag für Tag enorm starke Gefühle verdrängst, benötigt dein Gehirn 75 % deiner täglich verfügbaren Konzentration, um diesen Abwehrmechanismus am Leben zu erhalten und die Gefühle zu verdrängen.

Das ist natürlich ein Extrembeispiel. Es soll jedoch verdeutlichen, wie sehr die eigene Lebenssituation sich auf die Lernmotivation und Konzentrationsfähigkeit auswirken können. Außerdem soll dieses Beispiel verdeutlichen, dass in so einem Fall auch die beste Lerntechnik der Welt, das beste „Motivationstraining“ und fünf Motivationsvideos pro Tag völlig sinnlos sein werden. So eine oberflächliche Herangehensweise wird selten das Problem im Kern lösen.

Wenn du das möchtet, dann merke dir Folgendes: **Motivation richtet sich nach Priorität.**

Genauso wie im Beispiel der unglücklichen Beziehung hat die Aufrechterhaltung der Beziehung eine höhere Priorität, als das Lernen. Die Kapazität bzw. die Konzentration des Menschen folgen genau dieser Priorität, deswegen ist die „Auslastung“ der Konzentrationskapazität zu 75 % auf der Beziehung und nur zu 25 % auf dem Lernen.

Es gibt für dich also keine Motivation, die du aufbauen musst. Du hast die Motivation bereits in dir. Du musst diese Motivation lediglich umlenken. Das ist der Schlüssel zu nie endender Motivation.

Wie du deine Motivation in die richtige Richtung lenkst

Jeder Mensch hat eine intrinsische Motivation. Deshalb kann auch kein Mensch jemals faul sein, *er kann aber andere Prioritäten haben.* Wenn du diese Prioritäten änderst, dann lenkst du deine Selbstmotivation in eine andere Richtung.

Wie änderst du also deine Prioritäten?

Und noch viel wichtiger: Wie erzeugst du Motivation in Bezug aufs Lernen?

Du hast auch dafür die wesentlichen Elemente im vorherigen Kapitel gelernt. Wenn du deine Prioritäten ändern willst, erkenne zunächst, was genau deine Prioritäten sind. Das Erkennen der wahren Prioritäten ist das, woran fast alle Schüler und Studenten scheitern.

Nimm die vorhin besprochene 2-Schritt-Methode: Beobachte deine Handlungen, deine Gedanken und deinen Alltag. Was tust du regelmäßig? Wie viel Zeit investierst du in die jeweiligen Aktivitäten? Schreibe all das auf. Dokumentiere, wie viel Zeit du in welche Aktivität und in welche Gedanken investierst. Tue das mindestens 30 Tage lang. Reflektiere währenddessen, was du aufgeschrieben hast.

Prioritäten richten sich nach Handlungen.

Prioritäten kannst du nur bis zu einem bestimmten Punkt bewusst festlegen. Einen Großteil der Prioritätensetzung kommt aus deinem Unterbewusstsein. Dieses erstellt die Reihenfolge deiner Prioritäten aber immer auf Basis deiner Handlungen.

Während meiner Abiturzeit fanden meine Kumpels und ich es besonders cool, die Schule zu schwänzen. Jeder in meinem Freundeskreis, der regelmäßig im Unterricht anwesend war, mitgemacht hat und gute Noten geschrieben hat, wurde als Streber und Loser abgestempelt. Wir coolen Kids wollten es natürlich den Lehrern zeigen, indem wir nicht anwesend waren oder uns schlecht benommen haben.

Mein Unterbewusstsein versteht hierbei Folgendes: Mir war es wichtiger, vor meinen Freunden als cool wahrgenommen zu werden, als das Bestehen des Abiturs. Darauf richtete sich meine Motivation (und folglich auch meine Noten).

Mir selbst habe ich dabei immer gesagt, dass ich unbedingt das Abi schaffen möchte. Dem Unterbewusstsein ist das Gesagte aber egal. Es achtet auf Gefühle und Handlungen, nicht auf Worte.

Stell dir vor, dass jede Handlung, die du in deinem Leben vollziehst, eine kleine Stimme in deinem Unterbewusstsein abgibt, wie bei einer Bundestagswahl. Je öfter du diese Handlung wiederholst, desto mehr Stimmen bekommt diese Sache. Wenn du beispielsweise zweimal pro Woche feste Lernzeiten hast und diese immer wieder einhältst, bekommen diese Lernzeiten eine höhere Priorität in deinem Leben und du wirst ungern diese festen Lernzeiten z. B. gegen einen Partyabend eintauschen.

Während meiner ersten drei Semester im Studium habe ich mir immer wieder gesagt, wie fleißig ich doch bin, weil ich mich während des Semesters ab und zu mit meinen damaligen besten Freunden getroffen habe, um zusammen zu lernen. Das war im Vergleich zum Abitur definitiv eine Steigerung, aber noch lange nicht genug, um einen Bachelorstudiengang abschließen zu können.

Prioritäten ordnen sich danach, wie lange die entsprechende Handlung ausgeführt wird (in Minuten, Stunden, Wochen, etc.).

Die paar Lernsessions waren zwar nett, aber tatsächlich sah mein Studienalltag etwa so aus: Nach den Vorlesungen (falls ich denn überhaupt dort hingegangen bin), kam ich nach Hause und setzte mich an den Computer, um gute fünf bis acht Stunden lang Blizzard Games zu spielen. Zwischendurch schaute ich YouTube Videos oder las Bücher zum Thema Dating. Jedes Wochenende ging ich feiern. Sowohl freitags, als auch samstags.

In so einer Situation hätte ich mich auch 100 Mal vor den Spiegel stellen können und mir einreden können, wie motiviert ich bin und, dass ich lernbegeistert und ein Einser-Kandidat bin. Wenn ich mich anschließend für die nächsten acht Stunden meinem Priester in der Eiskronenzitadelle in World of Warcraft widme, dann fasst mein Unterbewusstsein Folgendes auf:

- Computerspiele haben die höchste Priorität in meinem Leben.
- Sollte ich an das Lernen denken, wird mein Unterbewusstsein erst prüfen, ob ich meiner ersten Priorität für den heutigen Tag in genügendem Ausmaß nachgegangen bin.
- Im Zweifelsfall werden immer Computerspiele priorisiert und nichts gelernt.

- Mein gesamter Tagesablauf wird so ausgelegt und organisiert werden, dass der Priorität Nr. 1 – den Computerspielen – genug Raum gegeben wird.
- Im Notfall werden auch Vorlesungen oder Freizeitaktivitäten geopfert, um der Priorität Nr. 1 nachgehen zu können.

Solch ein Musterverhalten ist vollkommen unbewusst. Mir war zu diesem Zeitpunkt nicht klar, dass ich mich so verhalte. Das lag in erster Linie daran, dass ich mich unbewusst dagegen entschieden habe, mich mit mir selbst zu beschäftigen und mich selbst zu beobachten. Ich wollte keinesfalls die Wahrheit erfahren: Dass ich vielleicht doch nicht so motiviert, lernbegeistert und ambitioniert beim Lernen bin, wie ich es mir selbst immer eingeredet habe.

An solchen Mustern ist in erster Linie überhaupt nichts Besonderes. Unser ganzes Leben ist von Mustern dominiert. Sei es beim Einkaufen, beim Lernen oder beim Schnürsenkel binden. Wir können uns auch Muster zunutze machen, indem wir positive Muster aufbauen. Stell dir am Beispiel meines Computerspielverhaltens vor, dass das Lernen die höchste Priorität hätte, anstatt das Computerspielen: Dir würde es unheimlich leichtfallen, genug Zeit zum Lernen zu finden und im Notfall würdest du auch eine unwichtigere Aktivität dafür aufopfern (du würdest also andere Aktivitäten aufschieben, um zu lernen). Das Lernen würde dir Spaß und Freude machen, weil du beim Lernen deiner wichtigsten Priorität nachgehen kannst.

Zusammenfassung: Wie du deine Lernmotivation steigerst

Deine Motivation ist ein Ergebnis deiner Prioritätensetzung.

Prioritäten sind ein unbewusstes Ergebnis, welches sich durch deine Handlungen beeinflussen lässt.

Was kannst du also konkret tun, um deine Motivation beim Lernen zu steigern?

1. Erkenne durch Selbstbeobachtung und durch schriftliche Dokumentation was deine wahren Prioritäten im Leben sind.
2. Gib dem Lernen eine höhere Priorität, indem du mehr Handlungen ausführst, die mit dem Lernen im Zusammenhang stehen.

Zu Punkt 1: Hier kann es für dich besonders hilfreich sein, wenn du anfängst zu dokumentieren, wie lange du der jeweiligen Tätigkeit nachgehst. Das heißt jetzt nicht, dass du jeden Gang zum Kühlschrank sekundengenau messen sollst. Was mir aber persönlich weitergeholfen hat, war zu zählen, wie viele Stunden und Minuten ich pro Tag „interessante" YouTube Videos anschaue, ich das Handy in der Hand habe, wie lange ich Computer gespielt habe, usw. Wenn du die Fakten schwarz auf weiß hast und erkennst, dass du durchschnittlich vier Stunden pro Tag auf YouTube verbringst und zwei Stunden pro Tag mit deinem Handy beschäftigt bist (was für den Durchschnittsdeutschen im Jahr 2019 gar nicht mal so viel ist), wirst du schnell deine Prioritäten im Leben erkennen.

Es gibt Apps, mit denen du so etwas genauer messen kannst. Ich werde in den nächsten Kapiteln genauer auf diese Produktivitätsapps eingehen.

Zu Punkt 2: Hier hast du bereits den ersten Schritt getan, indem du dieses Buch gekauft und schon einen Teil davon gelesen hast. Wenn du alles anwendest, was du in diesem Buch liest, wirst du mehr als genug getan haben, um das Lernen auf eine so hohe Priorität zu bringen, dass du wahrscheinlich gar keine Energie mehr brauchen wirst, um dich für das Lernen zu motivieren. Du wirst es ganz von selbst machen wollen. Du wirst sogar richtig Spaß beim Lernen haben.

Bevor du jetzt anfängst zu lachen: Ja, das ist wirklich möglich. Ich bin ein lebender Beweis dafür. Ich genieße den Prozess des Lernens enorm. Mir macht jede Sekunde des Lernens einen Riesenspaß, vor allem, weil ich merke, dass ich schneller und effizienter bin als meine Mitstreiter. Wie du das wirst, erfährst du in den nächsten Kapiteln. Zuvor müssen aber du und ich über eine sehr wichtige Sache reden, die schon vielen Lernenden das Leben vermiest hat. Eine Sache, die so manchen komplett paralysieren und handlungsunfähig machen kann, wenn man nicht weißt, wie man mit ihr umgeht.

Prüfungsangst: Wie du Prüfungsangst verstehst und überwindest

Um Prüfungsangst zu verstehen, ist es in erster Linie hilfreich, zu wissen, was das Gefühl der Angst bedeutet und in welchen Situationen Angst entsteht.

Angst entsteht bei Unsicherheit.

Angst entsteht dann, wenn du bzw. dein Unterbewusstsein sich dafür entschieden haben, einer Situation nicht gewachsen zu sein. Je stärker die Unsicherheit ist, desto stärker ist auch die Angst. Sollte eine Situation als hochgradig unsicher bewertet werden, so wird die

Angst lähmend. Sie hindert uns bewusst daran, an das Problem heranzutreten, da von einer hohen Gefahr ausgegangen wird. Das gilt bei Prüfungsangst genauso wie bei jeder anderen Angst.

Die Angst ist ein Schutzmechanismus, der ganz bewusst von der Natur vorgegeben wurde und wichtige Funktionen erfüllt: Wenn der Anführer Siegfried aus der Steinzeit dir körperlich überlegen ist, dann kann eine lähmende Angst hilfreich sein, wenn du genau weißt, dass du ihn körperlich nicht schlagen kannst. Wäre in dieser Situation keine Angst bei dir vorhanden, würdest du zu leichtsinnig dein Leben aufs Spiel setzen.

Nun ist es bei der Prüfungsangst natürlich nicht so, dass unser Leben in Gefahr ist. Oder etwa doch?

Ähnlich wie beim Thema Abwehrmechanismen haben wir bei der Prüfungsangst nicht wirklich Angst vor der Prüfung, sondern vor etwas anderem: Wir haben Angst vor den Konsequenzen in unserem Leben, die das Nichtbestehen oder Bestehen mit schlechten Noten für uns haben könnte. Je nachdem wie dein soziales Umfeld tickt und wie sehr du dich über deine Noten identifizierst, kann durch jede Note ein Teil deiner Persönlichkeit gefährdet werden. Wenn du dich beispielsweise für ein Genie hältst, dann könnte die Gefahr einer womöglich nicht bestandenen Prüfung in Mathe deine gesamte Identität gefährden. Wenn die Identitätsgefährdung stark genug ist, dann kann dein Unterbewusstsein diese Angst zur Lebensgefahr machen.

Im Folgenden sind ein paar kurze Beispiele. Schau, ob du dich in dem einen oder anderen wiederfinden kannst:

- „Wenn ich die Biologiearbeit nicht schaffe, dann denkt meine Mutter, dass ich ein Loser bin."
- „Alle meine Freunde haben einen Schnitt, der besser ist als 2,0. Wenn ich nicht mindestens genauso gut bin, gehöre ich nicht mehr dazu."
- „Ich war in Mathe schon immer schlecht. Jetzt bekomme ich wohl wieder die Bestätigung, dass ich einfach zu dumm für Mathe bin ..."
- „Ich habe jedem meiner Freunde erzählt, wie viel ich für Geschichte gelernt habe. Wenn ich nicht mindestens eine 1,3 schaffe, lachen mich alle aus."
- „Meine Eltern erwarten von mir, dass ich meine Allgemeine Hochschulreife abschließe, um zu studieren. Wenn ich aber in Deutsch zu schlecht bin, dann schaffe ich es vielleicht nicht."

Das sind natürlich alles unterbewusste Glaubenssätze. Wenn du unbewusst denkst, dass die Liebe deiner Eltern auf dem Spiel steht, wenn du deine Prüfung nicht bestehst, dann kann das furchtbare Angst einjagen. Dasselbe gilt, wenn du Angst vor der Meinung deiner Freunde hast.

Ein Extremfall tritt ein, wenn du während der Prüfung einen Blackout bekommst. Das Schreiben der Prüfung ist hierbei das Alles oder nichts. *Der* Moment, in dem du es allen zeigen kannst. Der Moment, in dem alles darauf ankommt. Leben oder Tod.

So eine Situation kann unbewusst einen so starken Druck erzeugen, dass du einen kompletten Aussetzer bekommst, weil dein Körper und Geist von der Situation überfordert sind. Wenn dein Leben buchstäblich auf dem Spiel steht, ist es nicht verwunderlich, dass wir mit Blackouts reagieren.

Was kannst du also konkret gegen die Prüfungsangst (und auch gegen Blackouts) tun?

Die Prüfungsangst hat drei Ursprünge:

1. Negative Glaubenssätze
2. Mangelnde Vorbereitung
3. Fehlende Langzeit-Perspektive

Bei negativen Glaubenssätzen: Ähnlich wie bei den verdrängten Gefühlen kann es hier hilfreich sein, in dich zu gehen und dich zu hinterfragen, ob es die Prüfung selbst oder bestimmte Glaubenssätze aus deinem sozialen Umfeld oder deiner Vergangenheit sind, die dir so viel Angst machen. Nutze hierfür die 2-Schritt-Methode (beobachten, anschließend dokumentieren) und sei zu 100 % ehrlich mit dir selbst. Hinterfrage, ob es wirklich die Prüfung ist, die dir Angst einjagt.

Bei mangelnder Vorbereitung: Genauso wie du Angst vor Siegfried hast, weil er dir körperlich überlegen ist, so wirst du auch Angst vor einer Prüfung haben, in der du dich unsicher fühlst. Angst entsteht eben bei Unsicherheit. Es ist kein großes Geheimnis, dass Schüler und Studenten vor allem bei den Prüfungen Angst haben, für die sie sich besonders schlecht vorbereitet haben. Je vertrauter du dich mit dem Lernstoff fühlst, desto weniger Angst wirst du tendenziell haben. Also: bereite dich besser auf die jeweilige Prüfung vor. Je besser du dich auf die Prüfung vorbereitet *fühlst*, desto weniger Angst wirst du haben.

Bei fehlender Langzeit-Perspektive: Derjenige, der Prüfungsangst hat, ist mit seinem Bewusstsein so sehr auf das Hier und Jetzt konzentriert. Er hat Angst vor dieser Prüfung, weil eine 5 in Englisch den Untergang der Welt, einen Erstantrag auf Hartz IV beim Arbeitsamt und den Verstoß aus der Familie bedeutet. Zumindest ist es das, was sich im Kopf abspielt.

Sieh der Realität ins Auge: So schlimm ist eine nicht bestandene Prüfung nicht. Mache dir also bewusst, was für *tatsächliche* Folgen eine nicht bestandene Prüfung mit sich bringt. Dieser Trick hilft mir persönlich besonders gut vor großen Präsentationen oder Abschlussprüfungen und bringt mich zurück auf den Boden der Tatsachen. Denn Tatsache ist, dass es über einen Zeitraum von ein bis zwei Jahren völlig egal ist, ob ich in diesem Semester eine Prüfung oder gleich fünf Prüfungen nicht bestehe. Ich kann das alles problemlos aufholen. Entweder in den Ferien oder im nächsten Halbjahr.

Sich selbst folgende Fragen zu stellen, könnte helfen:

1. Was genau sind die tatsächlichen Konsequenzen, falls ich diese Prüfung nicht bestehe?
2. Habe ich die Möglichkeit, den Lernstoff nachzuholen, falls ich diese Prüfung nicht bestehen sollte?
3. Spielt das Bestehen dieser Prüfung in diesem Moment bzw. in diesem Semester überhaupt eine nennenswerte Rolle für meinen schulischen oder beruflichen Werdegang?
4. Was ist das Allerallerschlimmste, was passieren könnte, wenn ich wirklich jede Prüfung in diesem Semester verhaue?

Gerade die letzte Frage ist diejenige, die dafür sorgt, dass ich nachts am Tag vor der Prüfung schlafen kann wie ein Baby, weil meine Antwort immer lautet: „Ach, na ja, alles halb so schlimm. Kann ich notfalls aufholen“.

Egal ob Prokrastination, Motivation oder Prüfungsangst: Das Problem ist selten die eigentliche Prüfung, das Fach oder der Schwierigkeitsgrad. Wir denken zwar, dass es an diesen Sachen liegt, verschweigen uns oftmals aber eine Wahrheit, die dahinter liegen könnte. Diese Wahrheiten sind unangenehm, deshalb ignorieren wir sie. Wenn wir aber den Mut fassen können, uns mit diesen Gefühlen zu konfrontieren, dann löst sich der Aufschieber, der Demotivierte und der Ängstliche auf. Es entsteht ein ambitionierter Mensch, der bereit ist, die nötigen Dinge zu lernen, um zu einem echten Lernprofi zu werden.

Geheimnis #2: Wie du in kürzerer Zeit das Maximum an Produktivität herausholst

Du hast den schwierigsten Teil dieses Buches bereits geschafft! Wenn du das Prinzip der vorherigen Kapitel beherzigen und anwenden kannst, wirst du einem Großteil deiner Mitstreiter voraus sein. Ebenfalls wirst du dazu bereit sein, alle Strategien der nächsten Kapitel erfolgreich umzusetzen.

Bevor wir uns konkreten Techniken widmen, mit denen du Vokabeln, Formeln, Zusammenhänge, Fakten usw. lernen kannst, muss der äußere Rahmen stimmen. Nur wenn das Grundwissen da ist, können wir tiefer in die Materie einsteigen.

Stell dir das Lernen wie eine schwangere Frau vor: Wenn die Frau krank ist, 40 Zigaretten am Tag raucht, täglich Bier trinkt und sich nur von Schokolade ernährt, dann wird das Kind ebenfalls krank. Um das Kind zu heilen, muss zuerst die Frau geheilt werden. Nur das innere Kind zu heilen und die Frau, also den äußeren Rahmen, außer acht zu lassen, wird eine Sache der Unmöglichkeit. Das innere Kind kann nicht geheilt werden, ohne die Frau zuvor geheilt zu haben.

Die zwei äußersten und mit Abstand wichtigsten Rahmen, also die Motivation und die Prokrastination, sind nun in Takt. Nur wenn du motiviert genug bist, um dich ins Lernen zu stürzen, und das auch regelmäßig tust, macht es für dich Sinn, an deiner Produktivität zu arbeiten. Sollte die Motivation noch nicht da sein, empfehle ich dir, dich auf die Übungen der vorherigen Kapitel zu fokussieren. Falls du unmotiviert sein solltest, aber unbedingt weiterlesen möchtest, dann probiere, vor allem die empfohlenen Apps in dem folgenden Kapitel täglich einzusetzen.

Die größten Feinde des produktiven Lernens

Produktivität bedeutet, mit minimalem Zeitaufwand maximale Ergebnisse zu erzielen. Deshalb lautet meine Definition von Produktivität in Bezug auf das Lernen folgendermaßen: **maximaler Lernerfolg mit minimalem Zeitaufwand**. Wie du den Lernerfolg definierst, hängt in erster Linie davon ab, was dein Ziel ist: eine Prüfung einfach nur zu bestehen, etwas Bestimmtes zu lernen oder eine besonders gute Note zu schreiben.

Wie kannst du also maximalen Lernerfolg mit minimalem Zeitaufwand erzielen?

Konzentration: Das höchste Gut für maximalen Lernerfolg

Stell dir deine Konzentration wie einen Tank vor. Jeden Tag hast du 100 Konzentrationspunkte. Du kannst einen Teil oder alle dieser Konzentrationspunkte innerhalb eines Tages ausschöpfen. Am nächsten Tag lädt sich ein Großteil dieser Konzentrationspunkte auf und dein Tank füllt sich wieder. Es steht dir wieder neue Konzentration zur Verfügung, um weiter zu lernen.

Falls du dich in einer besonders intensiven Lernphase befinden solltest, werden sich am Folgetag jedoch nicht alle 100 Punkte regenerieren können, sondern nur ein Teil davon. Das liegt daran, dass dein Unterbewusstsein die Informationen der vorherigen Tage noch verarbeiten muss. Je aggressiver du neuen Lernstoff in dein Gehirn hineinpumpst, desto mehr wird dein Unterbewusstsein im Hintergrund arbeiten. Je mehr dein Unterbewusstsein im Hintergrund arbeitet, desto weniger Konzentration steht dir zur Verfügung, um dir neues Wissen anzueignen. Sobald dein Gehirn mit der Nachbearbeitung des neuen Wissens nicht mehr hinterherkommt, bekommst du starke Nebenwirkungen, wie z. B. Kopfschmerzen, Konzentrationsstörungen, schlechte Laune, Schlaflosigkeit oder Schwindel. Wenn du besonders stark übertreibst, können zusätzlich Derealisation- und Depersonalisationsgefühle, Angst, Kommunikationsstörungen und Panikattacken hinzukommen.

Maria lernt für eine Mathearbeit in der 9. Klasse. Bis zur Schulaufgabe sind es nur noch zehn Tage. Maria wird schnell klar, dass sie auf keinen Fall den gesamten Lernstoff in diesen zehn Tagen schaffen wird. Deshalb prügelt sie sich jeden Tag 12 Stunden lang das Thema Kurvendiskussion in die Birne. Nach dem 7. Tag bekommt sie Konzentrationsstörungen und macht beim Umstellen der Formeln immer wieder dieselben Fehler. Egal, wie sehr sie es versucht, das Umstellen der Formeln klappt einfach nicht. Sie muss zwei Tage pausieren, bevor sie weiter lernen kann. Dadurch hat sie noch mehr Zeit verloren, als sie ursprünglich für diese zehn Tage eingeplant hat.

Marias Unterbewusstsein kommt mit dem Lernen nicht hinterher, denn auf einen Großteil des Lernens, welches in unserem Gehirn stattfindet, hat sie keinen Einfluss. Worauf sie aber Einfluss nehmen kann, ist die Zeit, die sie ihrem Gehirn gibt, das Gelernte nachbearbeiten zu können. Das ist auch der Grund, warum es unproduktiv und aus zeitlicher Sicht ineffizient ist, so kurz vor einer Prüfung mit dem Lernen anzufangen, denn ein Großteil des Lernprozesses findet nicht während des Lernens, sondern in den Pausen statt, wenn dein Gehirn das Gelernte strukturiert. Diese Strukturierung nimmt mehrere Tage in Anspruch. Falls das Unterbewusstsein nicht genug Zeit bekommt, um diese Strukturierung durchzuführen, wird der Lernende das Problem bekommen, dass er den Lernstoff nicht schnell genug versteht oder sich ihn nicht schnell genug einprägen kann.

Zu Beginn des 4. Semesters entschieden sich mein Freund Manuel und ich, ein Auslandssemester in China zu machen. Ganz eifrig fing ich damit an, wie ein Wahnsinniger die wichtigsten Vokabeln der chinesischen Sprache auswendig zu lernen, um bei der Ankunft in China fünf Monate später mit Chinesen kommunizieren zu können. *Jeden Tag lernte ich etwa zwei bis drei Stunden lang. Nach ca. sieben Tagen merkte ich, dass ich keine Fortschritte mache, ständig die Wörter miteinander verwechsle und selbst nach mehrfacher Wiederholung am Tag nicht besser werde. Voller Wut schmiss ich meine gesamten Lernunterlagen* für Chinesisch *in die Ecke, verfluchte die Sprache und schwor mir selbst, dass ich nie wieder Chinesisch lernen werde. Drei Tage später nahm ich die Vokabeln wieder in die Hand und merkte, dass ich auf wundersame Weise alle Wörter, die ich vertauscht habe, nun auswendig konnte …*

Vielleicht kennst du auch dieses Gefühl: Du lernst und lernst und lernst, aber ab einem bestimmten Punkt kommst du nicht mehr voran. Genau das ist der Punkt, ab dem du das Gelernte beiseitelegen solltest, um dich auf etwas anderes zu fokussieren.

Was kannst du also konkret tun, um von diesem Effekt zu profitieren?

1. Fange früh genug mit dem Lernen an, damit dein Unterbewusstsein genug Zeit zum Nachbearbeiten hat.

Das ist vielleicht der größte Tipp, den du jemals lesen wirst, falls du vorhast, mit möglichst wenig Zeitaufwand möglichst viel zu lernen: Wenn du denselben Lernstoff wie Maria über einen Zeitraum von zwei Monaten anstatt innerhalb von zehn Tagen lernst (bei identischem Zeitaufwand in Stunden), hat dein Gehirn genug Zeit zum Nachbearbeiten, d. h. dein Unterbewusstsein lernt ständig im Hintergrund und bearbeitet nach, während du etwas anderes machst.

Anstatt zehn Tage lang jeweils 12 Stunden zu lernen, um am 11. Tag die Prüfung zu schreiben, **wirst du mit derselben Anzahl an Stunden über einen Zeitraum von zwei Monaten deutlich bessere Ergebnisse erzielen.** Dein Gehirn wird genug Zeit haben, um die neuronalen Netzwerke zu bilden, die du brauchst, um den Lernstoff intuitiv zu beherrschen, egal, ob es um Zusammenhänge, Logik oder Auswendiglernen geht. Genauso wie bei einem Klavierspieler oder einem Taxifahrer einige Gehirnareale mit der Zeit größer werden (die Areale, die jeweils für Koordination zuständig sind), vergrößert sich ein Teil deines Gehirns, wenn du lernst. Wenn du diesem Prozess genauso wie Maria nicht genug Zeit gibst, kann das neuronale Netzwerk nicht schnell genug wachsen.

Natürlich ist an dem Tipp „Fange früh genug mit dem Lernen an" nichts Weltbewegendes, jedoch wird dieser Tipp häufig aus Gründen der Prokrastination gegeben und nicht, um mit minimalem Zeitaufwand möglichst viel zu lernen. Mir geht es an dieser Stelle nicht darum, dass du früh genug anfängst zu lernen, damit du nicht sechs Prüfungen innerhalb von zwei Wochen lernen musst, sondern darum, dass du mit demselben Zeitaufwand zu besseren Noten und besserem Verständnis der Lerninhalte kommst, wenn du deinem Gehirn genug Zeit gibst, das Gelernte zu verarbeiten.

Das bringt mich zum 2. Punkt, wie du von diesem Effekt profitieren kannst:

2. Falls du beim Lernen nicht vorankommst: Lege eine zwei bis drei Tage lange Pause ein.

Mit „nicht vorankommen" meine ich: Du hast mehrere Tage lang probiert, eine bestimmte Sache zu lernen. Nach mehreren Tagen, in denen du dich intensiv mit den Lerninhalten beschäftigt hast, merkst du, dass du den neu gelernten Stoff nicht richtig verstehst, die Inhalte vergisst oder du an einer bestimmten Aufgabe nicht weiterkommst.

Mir ist das schon Hunderte Male passiert. Dir mit Sicherheit auch. Anstatt nun frustriert zu sein, dich selbst für zu doof zu halten oder wütend zu werden: Vertraue darauf, dass dein Kopf nun etwas Ruhe braucht, um das Gelernte zu sortieren. Mache in dieser Zeit Dinge, die mit dem gelernten Fach nichts zu tun haben. Probiere, so wenig wie nur möglich (am besten gar nicht) über dieses Fach in dieser Zeit nachzudenken. Beschäftige dich mit etwas anderem.

Beim Schreiben dieses Buches hatte ich eine riesige Schreibblockade, nachdem ich mit dem Kapitel zum Thema „Produktivität" angefangen habe. Ich habe zu 100 % darauf vertraut, dass mein Unterbewusstsein alles regeln wird. Ab jetzt hieß es für mich, mit dem Schreiben aufzuhören und mich stattdessen anderen Dingen zu widmen. Drei Tage später setzte ich mich wieder ans Buch. Die Schreibblockade war verschwunden, ich hatte viele Ideen in meinem Kopf und habe innerhalb eines einzigen Tages so viel geschrieben, wie noch nie zuvor.

Die Pause sollte lieber einen Tag zu lang als einen Tag zu kurz sein, um deinem Gehirn genug Zeit zu geben. Ich empfehle ein Minimum von 48 Stunden. Sich diese Zeit zu nehmen funktioniert aber natürlich nur dann, wenn du genug Zeit bis zu deiner Prüfung eingeplant hast. Deshalb ist es auch so wichtig, rechtzeitig mit dem Lernen anzufangen.

Je nachdem wie viel Konzentration dir noch zur Verfügung steht oder wie eilig du es hast, kannst du alternativ während deiner Pause-Zeit ein anderes Fach lernen. Am Beispiel von Maria wäre es sinnvoller, etwas Geisteswissenschaftliches zu lernen, wie z. B. Geschichte oder Kunst (statt ein ähnliches Fach zu lernen, wie z. B. Physik), da bei Geschichte oder Kunst andere Gehirnareale aktiviert werden, sodass der logische Teil deines Gehirns, der für Mathe benötigt wird, in aller Ruhe das gelernte Mathematerial verarbeiten kann.

Wie du mit Pausen mehr aus deiner Zeit rausholen kannst

Einer der größten Fehler, die ich bei Schülern, Studenten und erwachsenen Lernwilligen sehe, sind die *viel* zu langen Lerneinheiten. Unser Gehirn ist nicht darauf ausgelegt, sich für lange Zeit ohne Unterbrechung auf eine Aufgabe zu konzentrieren. Das ist auch der Grund, warum es beinahe unmöglich ist, 90 Minuten lang einem Lehrer oder Professor ununterbrochen zuzuhören. Früher oder später schweift man automatisch ab oder sucht unbewusst Ablenkung.

Der Standard unter vielen Lernenden ist der, dass eine Lerneinheit gerne zwei bis drei Stunden ohne eine einzige Pause beträgt. Wer so lange lernt, wird spätestens nach 60 Minuten einen rapiden Abfall der Konzentrationsfähigkeit erleiden. Wer sich weniger konzentriert, wird auch weniger verstehen. Wer unkonzentriert ist und trotzdem weiterlernt, ist unproduktiv und verschwendet seine Zeit, sorgt für mehr Kopfschmerzen und steigert außerdem die eigene Frustration, da der Lernstoff und/oder die Aufgabe immer schwieriger erscheinen.

In einer amerikanischen Studie aus dem Jahr 2013 wurde 113 Psychologie Studenten mehrere 30-45 Minuten lange Logikaufgaben gegeben. Die Studenten durften nach der Hälfte der Zeit eine sechsminütige Pause einlegen. Die Kontrollgruppe hat dieselben Aufgaben gelöst, durfte jedoch keine Pause einlegen. Die Gruppe mit der sechsminütigen Pause hat signifikant bessere Ergebnisse in den Logikaufgaben erzielt als die Kontrollgruppe. Insbesondere wenn der Schwierigkeitsgrad der Logikaufgaben höher war, trug die sechs Minuten-Pause zu einem ebenfalls höheren Leistungsgewinn bei (Burkland und Derek S., 2013).

Was die Studienlage und meine eigene Erfahrung ebenfalls zeigt: **Wer regelmäßige, kleine Pausen über den Tag hinweg einlegt, wird in denselben zwei bis drei Stunden Lernzeit das Gelernte besser verstehen und sich an mehr erinnern als derjenige, der zwei bis drei Stunden am Stück lernt.**

Die Pausen sollen jedoch nicht zu kurz sein: Einer amerikanischen Studie aus dem Jahr 2012 zufolge bringen Pausen mit lediglich zwei- bis dreiminütiger Länge keine signifikanten Leistungssteigerungen beim Lernen (Donner, 2012). In diesem Fall bekommt das Gehirn nicht genug Zeit, um einen vollen Konzentrationsabfall zu erzielen.

Vielleicht wirst du an dieser Stelle nicht meiner Meinung sein, da du schon immer längere Lerneinheiten eingelegt hast und damit gute Erfolge erzielt hast. Ich selbst habe viele Jahre lang gerade während der Prüfungsphasen „12 Stunden am Tag" mit meinen Freunden gelernt. Unsere Lerneinheiten waren etwa zwei bis drei Stunden in einer Session. Diese waren weder sonderlich konzentriert noch produktiv. Das war vor allem daran erkennbar, dass unsere Noten schlecht waren, obwohl wir zeitlich gesehen viele Stunden gelernt haben. Zumindest war es das, was wir uns selbst immer gesagt haben. Tatsächlich haben wir viel Blödsinn gemacht, waren nur halb konzentriert, haben die Pausen ebenfalls als „lernen" miteingerechnet, hatten viel Small Talk dazwischen und haben ständig mit unseren Handys gespielt. Das haben wir unter anderem deshalb (unwissentlich) gemacht, weil das Unterbewusstsein dazu neigt, sich eine Pause zu suchen oder vom Lernstoff abzulenken, wenn die Konzentration abfällt.

Falls du nach wie vor der Meinung bist, dass längere Lerneinheiten der Heilige Gral sind, dann möchte ich dich an dieser Stelle auf folgende, etwas unbequeme Wahrheit hinweisen: **Wenn du denkst, dass du dich länger als 45 Minuten am Stück gut konzentrieren kannst, dann ist dein Konzentrationsvermögen nicht stark genug.** Eine große Ausnahme bilden Aufgaben, in denen du bereits viel Erfahrung gesammelt hast und welche du regelmäßig ausführst. Wenn du z. B. bereits 20 Hausarbeiten geschrieben hast und nun die 21. Hausarbeit kommt, wirst du auch in der Lage dazu sein, dich ein bisschen länger zu konzentrieren. In diesem Fall sind 60 Minuten, höchstens 75 Minuten auch in Ordnung. Wenn du länger lernst, wirst du über den Tag hinweg weniger Gesamtminuten an Konzentration zur Verfügung haben. Zusätzlich wirst du in derselben „Konzentrationszeit" den Lernstoff schlechter verstehen, mehr Fehler machen und dir weniger einprägen können.

Ein kleiner Hinweis, falls du immer noch Probleme mit Prokrastination und Motivation haben solltest: Es ist aus Sicht der Motivation und Prokrastination *viel* einfacher, sich für lediglich 45 oder 60 Minuten zum Lernen aufzuraffen, anstatt seinen Allerwertesten hochzubekommen, um ganze drei Stunden am Stück zu lernen. Wenn ich Tag für Tag mit letzterer Einstellung an das Lernen herantreten würde, dann hätte ich wahrscheinlich immer noch keinen Abschluss.

Wie du sicher weißt, können 45 Minuten lernen pro Tag über einen längeren Zeitraum einen gigantischen Unterschied machen. Sich auch nur für 45 Minuten motivieren zu können, dafür aber sieben Tage die Woche, ist deutlich leichter, als sich zweimal pro Woche für jeweils zwei bis drei Stunden zu motivieren.

Genauso wie Maria ein paar Tage Erholung braucht, nachdem sie intensiv Mathe gelernt hat, braucht dein Gehirn über den Tag hinweg ebenfalls viele kleine Erholungen, um das Gelernte zu verinnerlichen, zu verarbeiten und neu zu strukturieren. Du wirst auf diese Weise eine Menge Lernzeit einsparen, wenn du deinem Gehirn einige Minuten Zeit gibst, um die Konzentration wiederherzustellen. Ein weiterer Vorteil ist der, dass du deutlich weniger Kopfschmerzen haben wirst, wenn du kürzere Lerneinheiten einlegst. Ich persönlich lerne wirklich viel, deswegen spielen für mich die Faktoren

Kopfschmerzen, Schwindel und Aufnahmefähigkeit über die Woche hinweg eine große Rolle. Wenn du gleichzeitig viel lernen möchtest, aber nicht wie ein verkaterter Alkoholiker sieben Tage die Woche durch die Gegend stolpern möchtest, dann sind kurze Pausen deine Lösung.

Was du genau tun musst, um mit Pausen deine Lernzeit zu verkürzen

1. Wähle ein passendes Lernen-und-Pause-machen-Intervall.

Zwar ist sich die Wissenschaft darüber einig, dass nicht länger als 45 Minuten am Stück gelernt werden sollte, aber wie lange die Lerneinheiten und die Pausen sein sollten, ist umstritten. Einige Studien berichten, dass die Konzentration bereits nach 25 Minuten Fokus nachlässt.

Eine der bekanntesten Methoden ist die Pomodoro Technik oder auch die 25/5 Technik genannt: Du lernst 25 Minuten lang und machst anschließend eine fünfminütige Pause. Insgesamt hast du hier einen Zyklus von 30 Minuten. Danach beginnt der nächste Zyklus, d. h. du startest in die nächste Lernsession.

Ich persönlich finde die 25-minütigen Lerneinheiten zu kurz und die 5-Minuten-Pause ebenfalls zu kurz, um sich wirklich zu erholen und den Fokus zu entspannen. Aus diesem Grund benutze ich seit längerer Zeit die 45/15 Technik: 45 Minuten Fokus, 15 Minuten Pause. So kann ich mich lange genug in ein Thema vertiefen und mich auch lange genug erholen, sodass mein Gehirn restrukturieren und eventuelle Kopfschmerzen nachlassen können. Der gesamte

Zyklus ist hierbei 60 Minuten, wobei ich nicht strikt auf den Zyklus achte, d. h. manchmal ist meine Lerneinheit wenige Minuten länger (damit ich die Aufgabe zu Ende machen kann) und manchmal ist die Pause ein paar Minuten länger, weil ich unkonzentriert bin, Kopfschmerzen zu stark werden oder weil ich gerade die Zeit dazu habe.

Eine weitere Möglichkeit wäre der 60/20 Zyklus. Dieser eignet sich gut für kreative Aufgaben, da hier das Konzentrationsvermögen sich anders verteilt. Wer beispielsweise eine Hausarbeit schreibt, etwas zeichnet oder ein Musikinstrument spielt, möchte ungern zu schnell aus seinem „Flow" gerissen werden. Für Lernstoff, der mit Logik, dem Verstehen von Zusammenhängen oder mit Auswendiglernen zu tun hat, halte ich diesen Zyklus jedoch für zu lang. Aber das ist nur meine Meinung.

Übrigens: Es geht nicht darum, 100 % strikt zu sein, sondern um die Zeit, die dein Gehirn bekommt, um sich zu erholen. Es geht darum, dass du deinen Lernstil an die „Grundeinstellungen" deines Gehirns anpasst, damit du von diesen Einstellungen profitierst.

Nachdem du dich für einen Zyklus entschieden hast, können wir mit dem nächsten Schritt beginnen:

2. Verwende ab heute ein Lernen-und-Pause-machen-Intervall konsequent eine Woche lang.

Ich praktiziere wie oben bereits erwähnt die 45/15 Technik, da ich mit ihr sehr gute Erfahrungen gesammelt habe und weil sie aus meinem Lern- und Arbeitsalltag nicht mehr wegzudenken ist. Den Unterschied habe ich schon am ersten Tag deutlich gemerkt: Ich spare viel Zeit, komme schneller ans Ziel, habe weniger Kopfschmerzen und habe insgesamt mehr Kapazität, kann also an einem Tag mehr schaffen als mit meinen „12 Stunden am Tag"-Lernphasen.

Diese Technik nutze ich nicht nur beim typischen Lernen, sondern auch beim Lesen, beim Schreiben, beim Schauen von Lernvideos, bei Hörbüchern, usw.

Wenn du merkst, dass dir eine Technik nicht liegt oder nicht so gut zu dir passt, kann das an zu kurzen oder zu langen Zwischenpausen liegen. Basierend darauf kannst du dich für eine andere Technik entscheiden. Wichtig ist: Sei experimentierfreudig und probiere etwas Neues. **Sei kein Theoretiker, der nur Bücher über das Lernen liest, aber nichts davon anwendet.**

Zur Messung der Zeitintervalle solltest du unbedingt einen Timer auf deinem Computer oder deinem Handy benutzen, um (z. B. im Falle von 45/15) auf den 45-Minuten-Fokus und die 15-Minuten-Pause genau einzuhalten. Alternativ kannst du eine App benutzen. Doch dazu später mehr.

Sobald du bereit bist, deine erste zyklische Lernsession zu starten, kommst du zum nächsten Punkt:

3. Blende alles andere aus, während du dich in der Konzentrationsphase befindest.

Leider hält sich in unserer Gesellschaft nach wie vor der Mythos am Leben, dass Menschen zum Multitasking fähig sind. Tatsache ist, dass wir Menschen uns nicht mehr als auf eine Sache gleichzeitig konzentrieren können. Sobald wir uns auf mehrere Sachen gleichzeitig fokussieren, verstehen wir die jeweiligen Inhalte schlechter und können uns weniger einprägen. Was wir höchstens im Kontext des Multitaskings lernen können, ist es, schneller von einer Aufgabe zur nächsten umzuschalten. Die Fähigkeit, zwischen Aufgaben umzuschalten, ist, im Gegensatz zum Fokus auf mehrere Dinge gleichzeitig, erlernbar.

Ein erster guter Schritt ist es, all deine Handybenachrichtigungen auszuschalten oder zumindest einige Funktionen von Benachrichtigungen zu deaktivieren (dasselbe gilt auch für PC Benachrichtigungen). Nichts ist nerviger als eine App, die sich auf deinen Bildschirm drängt, einen Ton von sich gibt und anfängt zu vibrieren, weil es gerade einen 10 % Rabattgutschein gibt oder deine Freundin dir gerade ein YouTube-Reaktionsvideo schickt. Wenn dir das passiert und du auf so eine Benachrichtigung bzw. Ablenkung eingehst, verlierst du Konzentration und deinen „Flow" im Lernen. Wenn du beispielsweise gerade eine schwere Formel umstellst und mittendrin eine WhatsApp-Nachricht beantwortest, verlierst du deinen Fortschritt beim Umstellen der Formel und musst dich nach der Nachricht wieder neu hineindenken. Das sind verschwendete Konzentrationspunkte und verschwendete Zeit in einem.

Ich persönlich hasse Handybenachrichtigungen sehr, weil mir bewusst ist, dass viele darauf ausgelegt sind, einen süchtig machenden Effekt beim Anwender zu erzielen, damit dieser möglichst häufig zur App greift, somit längere Zeit diverser Werbung oder Spy Software ausgesetzt ist und demzufolge der Hersteller der Software mehr Werbeeinnahmen erzielen kann. Du kannst unter „Einstellungen" in deinem Smartphone Benachrichtigungen deaktivieren. Ich habe bei ausnahmslos jeder App Sound und Vibration deaktiviert und nur bei wenigen Apps visuelle Benachrichtigungen erlaubt.

Sobald du eine Benachrichtigung, ein Like oder einen Kommentar erhältst, bekommst du einen Dopamin-Kick, der Glückshormone in deinem Gehirn freisetzt. Wir Menschen sind süchtig nach diesem Glückshormon. Genau diesen Effekt machen sich viele Anbieter zunutze, um an dir Geld zu verdienen und um bewusst deine Konzentration zu stören: Handybenachrichtigungen, Anrufe, E-Mails, Pop-ups, usw. Diese sind störend, rauben dir eine Menge Konzentration und haben während deiner Lernsession nichts verloren.

4. Wähle eine gute Methode, um Pause zu machen.

Ein wichtiger Teil eines jeden Lernen-und-Pause-machen-Intervalls ist, dass du deine Pause ohne Elektronik gestaltest, d. h. kein Handy, kein Computer, keine störende Musik, etc. Ich weiß, dass du das wahrscheinlich nicht hören möchtest, aber Elektronik ist der größte Feind der Produktivität, da hier deine Konzentration verloren geht. Wer Elektronik in der Pause einsetzt, ist während der Pause weiterhin konzentriert. Das Gehirn kann sich also nicht entspannen. Damit wird die nächste Lerneinheit mit weniger Konzentration gestartet und du wirst demzufolge unproduktiver.

Johannes studiert Medizin im 1. Semester. Er nimmt sich während des Studiums jeden Tag *vor, abends ab 19 Uhr zu lernen. Bevor er jedoch mit dem Lernen beginnt, schaut er zunächst zwei Folgen Game of Thrones. Nachdem er die Serien fertig geschaut hat und mit dem Lernen anfangen möchte, wundert er sich, warum er sich nicht konzentrieren kann und schnell Kopfschmerzen bekommt.*

Serien und Filme zu schauen bedeutet in vielen Fällen bis zu 100 % Fokus. Während wir etwas schauen oder etwas aufmerksam zuhören, sind wir in die jeweilige Materie vertieft, genauso wie beim Lernen.

Das leert unseren Konzentrationstank. Im Fall von Johannes hat er ganze zwei Stunden Fokus und damit eine Menge Konzentration aufgebraucht. Kein Wunder, dass er sich nach der Serie nicht mehr auf das Lernen fokussieren kann. Besonders traurig wird es dann, wenn Johannes von sich selbst anfängt zu denken, dass er unter Konzentrationsmangel leiden würde (oder seine Eltern ihm das einreden), was natürlich nicht der Wahrheit entspricht. Johannes leidet lediglich unter einer falschen Priorisierung seiner Konzentration.

Merke: Wer konsumiert, der konzentriert.

Im Folgenden ein paar Dinge, die sich *schlecht* für eine Pause eignen bzw. nicht als Pause gesehen werden können, weil das Gehirn sich beim Ausüben dieser Tätigkeiten während der Pause Zeit nicht erholen kann:

- soziale Netzwerke besuchen,
- WhatsApp-Nachrichten beantworten,
- mit dem Handy spielen,
- sich Notizen und Mitschriften über das eben gelernte Fach durchlesen,
- Filme, Fernsehen und Serien gucken,
- Videospiele spielen,
- sich über das eben Gelernte unterhalten,
- Weiterhin über die Lösung der eben bearbeiteten Aufgabe nachgrübeln.

Die Wahl liegt bei dir. Je nachdem, wie wichtig dir das Lernen ist, musst du dich selbst dafür entscheiden, ob du bereit bist, dir die nötige Disziplin zu erarbeiten, um produktiver zu sein und Lernzeit einzusparen. Auch Produktivität hat seinen Preis. Das größte

Problem ist meiner Meinung nach, dass der Lernende aufgrund mangelnder Langzeitorientierung nicht sieht, dass das kurzfristige Aufopfern von Handy, Social Media und Co. beim Lernen langfristig eine Zeitersparnis erzeugen wird, denn all diese Dinge rauben dir Energie, welche du beim Lernen vermissen wirst.

Unabhängig von den Pausen zwischen deinen Lerneinheiten wird dich allgemein gesehen der Einsatz von Computer, Handy, Tablet usw. Konzentrationspunkte kosten. Wer drei Stunden pro Tag Netflix schaut, wird in der Schule und beim Lernen weniger Leistung bringen. Wer handysüchtig ist und aus Zwang alle zehn Minuten seine WhatsApp-Nachrichten checkt, wird sich über den Tag hinweg weniger konzentrieren können. Wer vier Stunden pro Tag nach dem Lernen PlayStation spielt, wird in der Prüfung am nächsten Tag eine schlechtere Leistung bringen.

Vielen von uns ist nicht bewusst, welche Auswirkungen gerade die Handysucht auf unsere Konzentration hat. Wenn du alle zehn Minuten zum Handy greifst, um Nachrichten zu lesen, dann trainierst du dein Gehirn dazu, sich ständig abzulenken und sich niemals intensiv auf eine Sache konzentrieren zu können. Durch diese Verhaltensweise sendest du das folgende Signal an dein Unterbewusstsein: „Eine spontane Handynachricht jetzt sofort lesen zu müssen, ist mir wichtiger, als zu lernen." Wenn die Priorität des Lernens in deinem Unterbewusstsein nicht hoch genug ist, dann wirst du ganz automatisch schlechtere Noten schreiben, weil dein Gehirn das Einprägen, Verstehen und Nachbearbeiten des gelernten Materials als unwichtig erachtet.

Ich möchte bei dir keine Schuldgefühle erzeugen, aber ich halte es für wichtig, dich darauf aufmerksam zu machen, wie dein Gehirn arbeitet und welche Gewohnheiten tendenziell zu welchen Resultaten führen werden. Wenn du genauso wie ich vor fünf Jahren viele Stunden pro Tag Computer spielst, wird ein Großteil deines Unterbewusstseins damit beschäftigt sein, das Computerspiel nachzubearbeiten, damit du darin besser, schneller und effizienter wirst. Für das Lernen bleibt dann nicht mehr viel Platz in deinem Kopf. Selbst wenn du nach dem Computer spielen lernst, wird das Computerspielen von deinem Gehirn priorisiert.

Wie du schlechte Gewohnheiten ablegst und gute Gewohnheiten aufbaust, geht über die Inhalte dieses Buches hinaus. Ich kann dir jedoch das empfehlen, was bei mir sehr gut funktioniert hat: Gehe auf Google und suche nach dem Begriff „Habit Tracker". Wähle einen Tracker deiner Wahl und drucke diesen auf A4 oder A5 aus. Trage dort ein paar Gewohnheiten ein, welche du ablegen möchtest, z. B. „Facebook nur noch 1x täglich für 15 Minuten" oder „Netflix höchstens 60 Minuten am Tag". Setze dich jeden Abend hin und dokumentiere, ob du dein Ziel erreicht hast. Genauso wie bei der Prokrastination hast du so die Zahlen schwarz auf weiß.

Hier sind ein paar Dinge, die sich hervorragend für eine Pause eignen, da bei diesen Aktivitäten der Fokus gelockert wird:

- einen Spaziergang machen,
- etwas essen,
- ein Nickerchen machen,
- meditieren,
- sich mit Freunden über ein anderes (vorzugsweise lockeres) Thema unterhalten,
- nichts tun,
- die Augen schließen,

- putzen, aufräumen, waschen,
- sportliche und motorische Bewegungen jeglicher Art.

Wenn du eine längere Pause machen möchtest, eignet sich Sport besonders gut, da dein Gehirn das Gelernte schneller nachbearbeitet, wenn du dich sportlich betätigst. Ob du Fußball spielst, ins Fitnessstudio gehst oder einer anderen Sportart nachgehst, ist nebensächlich. Hauptsache du bewegst dich viel und belastest deinem Körper. Während dieser physischen Belastung werden psychische Komponenten besonders gut verarbeitet.

Meditation ist für das Lernen besonders hervorzuheben: Wer regelmäßig meditiert, kann sich besser konzentrieren, hat ein besseres Gedächtnis, verarbeitet Informationen schneller, schreibt bessere Noten, hat deutlich weniger Stress, fühlt sich glücklicher, hat mehr Spaß beim Lernen, eine höhere Aufnahmefähigkeit und einen besseren Schlaf. Diese Effekte sind alle durch Hunderte, wenn nicht sogar Tausende von Studien belegt worden (Harne, 2017). Ich kann alle Effekte aus eigener Erfahrung zu 100 % bestätigen. Wenn es nur eine Sache in diesem Buch geben würde, die ich dir empfehlen könnte, um deinen Lernerfolg zu steigern, dann ist es die Meditation. Keine Lerntechnik, kein anderes Produktivitätstool und keine einzige Organisationstechnik wird dir einen so präzisen, effizienten und schnellen Lernfortschritt verschaffen, wie Meditation.

Die Harne Studie, welche im Rahmen einer Doktorarbeit am Philadelphia College in den USA im Jahr 2017 durchgeführt wurde, zeigt auch, dass alle eben genannten Vorteile durch die Meditationspraxis besonders effektiv bei Studenten mit den größten Konzentrationsstörungen und dem niedrigsten Level an kognitiven Fähigkeiten sind. Kurzgefasst: Je schlechter du dich beim Lernen konzentrieren kannst und je schlechter dein Gedächtnis ist, desto mehr wirst du von Meditation profitieren.

Ich selbst verbringe einen Großteil meiner Pausen während meiner Lernen-und-Pause-machen-Zyklen ausschließlich mit Meditation, da ich genau spüren kann, wie viel Konzentration ich dadurch zurückgewinne. Meditation ist wie ein Reset-Knopf, der deinen inneren PC neustarten lässt und dich mental erfrischt. Sie ist einem klassischen Nickerchen sehr ähnlich, hat jedoch noch mehr Vorteile für das Lernen und für das Gehirn. Es ist aus wissenschaftlicher Sicht immer noch nicht geklärt, was genau im Gehirn passiert, während wir meditieren. Wir wissen lediglich, dass durch Meditation Informationen deutlich schneller verarbeitet werden. Wir wissen ebenfalls, dass Gehirnareale, die für Logik, Gedächtnis und Entscheidungsfähigkeit verantwortlich sind, größer werden, während Gehirnareale, die für Stress, Angst und Panik verantwortlich sind, kleiner werden.

Wenn du das Meditieren ausprobieren möchtest, empfehle ich dir zum Einstieg die ebenfalls in der Harne Studie verwendete Achtsamkeitsmeditation, welche in Deutschland vermutlich die bekannteste Form der Meditation ist: Setze dich für 5 Minuten hin und schließe deine Augen. Entspanne deinen Fokus. Probiere, dich auf gar nichts zu fokussieren und 100 % im Moment zu sein. Wenn du merkst, dass du abschweifst, indem du zufälligen Gedanken hinterherjagst, dann lockere deinen Fokus erneut. Stell dir den entspannten Fokus vor, als würdest du auf einer Wiese liegen und Wolken beobachten: Geräusche, Gefühle und Gedanken kommen und gehen. Du schaust einfach nur zu und lässt die Wolken vorbeiziehen. Mehr musst du nicht wissen. Meditation ist einfach in der Theorie, aber schwer in der Praxis. Übung macht den Meister.

Es gibt eine Menge unterschiedlichster Meditationstechniken. Finde eine, die dir gefällt. Mit etwas Übung kannst du 10, 15, oder 30 Minuten am Stück meditieren. Längere Meditationen eignen sich gut für längere Pausen, um deine Konzentration wiederherzustellen. Ich persönlich meditiere etwa 60 Minuten am Tag. Diese 60 Minuten sind in mehrere Sessions unterteilt.

Übrigens: Meditation eignet sich ebenfalls gut, um deine Muster bei der Prokrastination aufzudecken. Je tiefer dein meditativer Zustand ist, desto mehr öffnet sich dein Unterbewusstsein. Je mehr sich dein Unterbewusstsein öffnet, desto objektiver kannst du eine Situation betrachten. D. h., dass du in einem tiefen Meditationszustand deutlich schneller erkennen wirst, wo bei dir zu den Themen Prokrastination, Prüfungsangst und Motivation der Hund begraben liegt. Um das praktisch umzusetzen, fange einfach an, über diese Dinge nachzudenken, sobald du das Gefühl hast, dass du dich in einem tiefen, entspannten und tranceartigen Meditationszustand befindest. Schaue, was dann passiert.

Was auch interessant ist: Meditation ist (nicht nur bei mir) der größte Stresskiller, den du dir vorstellen kannst. Seitdem ich regelmäßig meditiere, hat sich mein Prüfungsstress innerhalb von drei bis vier Wochen um 90 % reduziert. Während meine Kommilitonen Panikattacken und Stressanfälle bekamen und während der Prüfungszeit regelmäßig wahnsinnig wurden, war ich auch am letzten Tag vor der schwersten Prüfung entspannt wie eine Hindukuh. Jedes Semester. Ohne Ausnahme.

Glaube mir kein Wort, probiere es selbst aus! Meditation ist meiner Meinung nach das mit Abstand stärkste Produktivitätstool, das es jemals gegeben hat. Es ist vielleicht das größte Geheimnis der Bestnote.

Wie du mit größeren Pausen deine Effizienz steigerst

Natürlich brauchst du den einen Lernen-und-Pause-machen-Zyklus nicht den ganzen Tag durchziehen. Wenn du merkst, dass die Konzentration nachlässt, mache eine längere Pause oder verkürze deine Lerneinheiten. Manchmal haben wir einfach einen schlechten Tag – in so einem Fall mache ich beispielsweise nur noch 30-minütige Lerneinheiten und ebenfalls 30-minütige Pausen. Das ist ein deutlich niedrigeres Belastungslevel für deinen Kopf, damit du über den Tag verteilt dennoch deine drei Stunden lernen kannst, ohne dich allzu sehr zu belasten.

Dasselbe gilt für deine Wochen- und Monatsplanung: Ich bin kein großer Fan des 7-Tage-die-Woche-Lernens. Wie du bereits verstanden hast, benötigt unser Gehirn nicht nur kleine Pausen, sondern auch große. Mozart hat das im 18. Jahrhundert bereits verstanden und entsprechend angewandt, indem er mindestens einen Tag pro Woche (manchmal auch zwei Tage pro Woche) überhaupt kein Klavier gespielt hat. Ich folge seinem Beispiel, indem ich ausnahmslos jeden Sonntag nichts Produktives mache und stattdessen Sport treibe, mich entspanne, spazieren gehe, meditiere, usw.

Je nachdem wie dein Alltag strukturiert ist, kannst du auch zwei Tage die Woche gar nichts lernen. Du wirst merken, dass du durch die Erholungstage mehr Gesamtleistung pro Woche bringen wirst und auch deutlich mehr Motivation haben wirst. **Gib in jedem Fall deinem Gehirn mindestens einen vollen Tag pro Woche Zeit, um deinen Gehirnmuskelkater abzubauen**.

Wie das richtige Schlafverhalten dich produktiver machen wird

Während du schläfst, findet ein Großteil des Nachbearbeitungsprozesses deines Gehirns statt: Verbindungen entstehen, Erinnerungen werden gefestigt, Informationen strukturiert und unnötiges Wissen entfernt. Ein guter Schlaf sorgt also dafür, dass deine akademische Leistung sich verbessert.

Eine italienische Studie aus dem Jahr 2006 kam zu dem Ergebnis, dass Schüler und Studenten aller Altersklassen und Studiengängen unter chronischem Schlafmangel (quantitativer Schlafmangel) und/oder schlechtem Schlaf (qualitativer Schlafmangel) leiden.

Eine weitere Feststellung dieser Studie, wie du dir sicherlich schon gedacht hast, ist die starke Korrelation zwischen schulischer Leistung und Schlafqualität und -quantität. Je besser die Qualität deines Schlafs, desto besser werden deine Noten. Wenn du ausreichend schläfst, werden deine Noten ebenfalls besser und umgekehrt (Elsevier, 2006).

Meiner Erfahrung nach hat vor allem der chronische Schlafmangel von Schülern und Studenten hauptsächlich damit zu tun, dass wir dem Schlaf nicht die nötige Aufmerksamkeit und die nötige Priorität geben, die er eigentlich verdient. Wenn wir hier an der einen oder anderen Schraube drehen, können wir über Wochen und Monate hinweg viel Zeit sparen, da wir durch einen erholsameren Schlaf automatisch besser beim Lernen sind, mehr Konzentration haben und bessere Noten schreiben werden.

Wie viel Schlaf optimal ist, um deinen Lernerfolg zu steigern, bleibt in der Wissenschaft umstritten. Eine gute Faustregel ist: **mindestens**

sechs Stunden, keinesfalls mehr als neun Stunden. Falls wir unter sechs Stunden lang schlafen, erleiden wir meistens körperliche und psychische Nebenwirkungen. Falls wir mehr als neun Stunden schlafen, können wir uns nach dem Aufwachen genauso gerädert, müde und unkonzentriert fühlen wie bei drei bis vier Stunden Schlaf. Wer mehr als neun Stunden schläft, hat ebenfalls weniger Zeit zum Lernen, denn der Tag verkürzt sich.

Für mich persönlich sind acht Stunden Schlaf perfekt. Zwar könnte ich auch mit sechs Stunden auskommen, jedoch wird sich das nach ein bis zwei Tagen negativ auf meine Lernleistung auswirken. Du musst selbst herausfinden, was für dich optimal ist. Sei experimentierfreudig und probiere aus, wie viel Schlaf du wirklich brauchst. Er wird irgendwo zwischen sechs und neun Stunden liegen. Merke: Lieber eine Stunde mehr Schlaf, als eine Stunde zu wenig!

Um deine Schlafqualität zu steigern, empfehle ich dir Folgendes:

- Gehe immer zur selben Zeit schlafen.
- Beende *spätestens* 60 Minuten vor dem Zubettgehen das Lernen.
- Verzichte die letzten 60 Minuten vor dem Zubettgehen auf Elektronik und sorge für weniger Licht in deinem Zimmer, damit dein Gehirn sich entspannen kann und damit es die Möglichkeit bekommt, um das Schlafhormon Melatonin auszuschütten.

Ich leide ab und zu unter Schlafstörungen bzw. ich kann manchmal nicht sofort einschlafen oder durchschlafen. Falls ich im Bett liege und nicht einschlafen kann, stehe ich wieder auf, gehe in ein anderes Zimmer und meditiere oder sitze einfach nur da, bis ich anfange zu gähnen. Anschließend gehe ich wieder ins Bett. Falls ich dann immer noch nicht einschlafen kann, wiederhole ich den Prozess. Das ist kein Allheilmittel (funktioniert aber in gut 80–90 % aller Fälle). Die Meditation hilft mir enorm dabei, mich zu entspannen und Gefühle aufzudecken, die mich gerade am Schlaf hindern.

Schlafmangel tritt grundsätzlich nur dann auf, wenn unser Körper und Geist überlastet sind oder wenn ein verdrängtes Gefühl uns den Schlaf raubt und sich nachts bemerkbar macht, wie beispielsweise die Prüfungsangst. Auch beim Schlafen gilt: Meditation ist die Königin aller Könige.

Wie du beim Lernen Spaß hast und deine Motivation steigerst

Durch meine Freundin, die ihren Handykonsum reduzieren wollte, bin ich vor wenigen Monaten zufällig auf Produktivitätsapps gestoßen. Mithilfe dieser Apps konnte ich noch mehr Motivation und noch mehr Zeiteffizienz aus mir herauskitzeln. Solche Apps haben (je nach App) einige der folgenden Eigenschaften:

- Eine Stoppuhr, um deine Konzentrationszeit und deine Pausenzeit zu messen.
- Statistiken darüber, zu welcher Uhrzeit du wie viel lernst und wann du am produktivsten bist.
- Statistiken darüber, für welches Fach du wie lange gelernt hast.
- Wettbewerbe mit Freunden, wer am jeweiligen Tag, der jeweiligen Woche oder dem jeweiligen Monat am meisten gelernt hat.
- Hilfe, um während der Konzentrationszeit nicht mit dem

Handy zu spielen, Nachrichten zu schreiben, etc. (z. B. durch Blockierung dieser Apps während der Konzentrationszeit).
- Diverse Achievements, wenn du dich z. B. drei Tage hintereinander zum Lernen motiviert hast.

Ich benutze die App „Forest". Sie ist für Android und für iOS verfügbar. Es gibt eine kostenlose und eine kostenpflichtige Version. Forest beinhaltet alle der eben genannten Funktionen. Sie kann für dich besonders hilfreich sein, wenn du während deiner Lernsession ungestört bleiben möchtest, denn nachdem du die Stoppuhr aktiviert hast, lässt dich Forest keine anderen Apps benutzen, bis der Timer abgelaufen hast.

Du kannst Freunde in die App einladen und ihren Lernfortschritt einsehen oder dich mit ihnen duellieren. Mir persönlich macht es ungeheuer viel Spaß, spät am Abend meiner Freundin einen Screenshot von meinem Tagesverlauf zu schicken, um sie zu ärgern. Dasselbe macht sie mit mir.

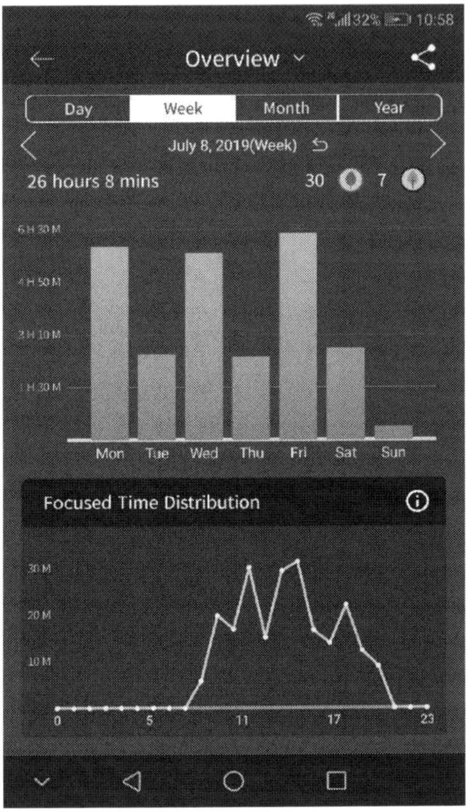

Abbildung 1 – Statistiken zum Lernfortschritt. Oben: Anzahl an gelernten Stunden pro Tag. Unten: Tageszeiten, in denen besonders viel gelernt wird.

In dieser Abbildung kannst du sehen, wie viele Stunden lang ich in der ersten Juliwoche 2019 gelernt habe (oberer Abschnitt). Im unteren Abschnitt siehst du, dass ich erst um ca. 8:30 Uhr angefangen habe zu lernen und um ca. 22 Uhr aufgehört habe.

Solche Spielereien machen mir Spaß und lassen mich vergessen, dass ich gerade für ein Fach lerne, welches mir nicht gefällt. Ich bin süchtig danach geworden, meine eigenen wöchentlichen und täglichen

High-Scores zu knacken, und probiere jede Woche aufs Neue, mich zu steigern. Außerdem ist es lustig, meine Freunde mit solchen Screenshots zu ärgern, aber auch zu motivieren. Falls ich mal so einen Screenshot geschickt bekomme, werde ich direkt motivierter, denn ich will meinen Lernrekord gegenüber allen meinen Freunden verteidigen.

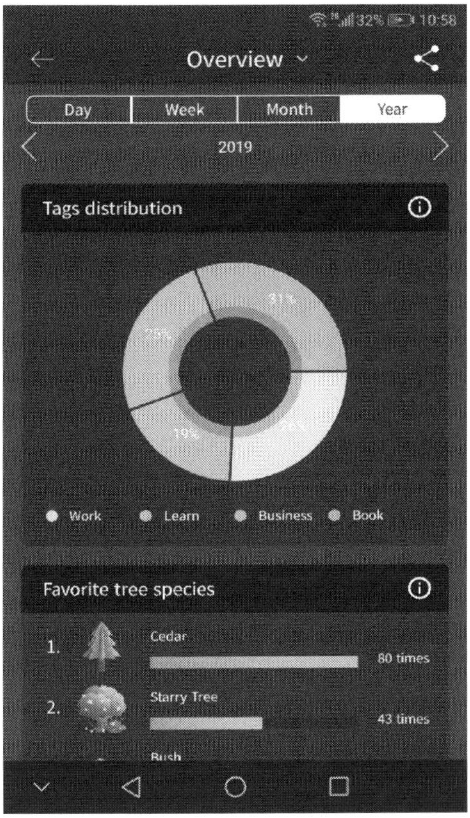

Abbildung 2 – Statistiken darüber, wie viel für das jeweilige Fach gelernt wurde.

In dieser Abbildung siehst du, wie lange ich im Jahr 2019 mit diversen Tätigkeiten beschäftigt war.

Sobald du eine 45-minütige Lernsession startest, kannst du diese einer Kategorie zuordnen. So kannst du beispielsweise für jedes Fach eine andere Kategorie erstellen und genau sehen, wie lange du beispielsweise für Biologie oder für Chemie gelernt hast. Auf diese Weise kannst du dich ebenfalls mit deinen Freunden messen, um zu schauen, wer wie lange für das jeweilige Fach gelernt hat und wer im Anschluss die beste Note geschrieben hat.

Eine interessante Eigenschaft bei Forest ist, dass du durch jede erfolgreiche Lernsession einen virtuellen Baum pflanzt. Daraus kannst du verschiedene Wälder kreieren, neue Bäume freischalten und mit viel Geduld auch einen echten Baum pflanzen lassen. Meine Freundin gibt immer viel acht darauf, dass ihr Wald gut gepflegt aussieht und alle Bäume heil sind (Bäume werden zerstört, wenn du während der Konzentrationsphase die Session abbrichst oder dich mit dem Handy ablenkst).

Natürlich gibt es auch andere Produktivitätsapps mit ähnlichen Eigenschaften. Ob du Forest oder eine andere App benutzt, ist nebensächlich. Es geht hierbei in erster Linie darum, aus dem Lernen ein Spiel zu machen, damit du das Lernen mehr als einen Freizeitwettbewerb und weniger als eine Teufelsqual wahrnimmst. Die Gamification und der Spielspaß, die du durch solche Apps bekommst, sind meiner Meinung nach unbezahlbar.

Aufgaben strukturieren und nie wieder vergessen mit To-do-Listen

Gegen Ende meines Studiums habe ich aus Notwendigkeit damit angefangen, mit To-do-Listen und entsprechenden Apps zu experimentieren. Mein Hauptmotiv war, dass ich durch den Unterricht, aber auch durch meine Freizeit eine Vielfalt von unterschiedlichsten Aufgaben zu erledigen hatte, die ich mir nicht alle gleichzeitig merken konnte.

Unabhängig davon, ob du vergesslich bist oder nicht: **Informationen im Hinterkopf zu behalten, kostet Konzentration.** Konzentration ist unser wertvollstes Gut. Außerdem ist es dir, genauso wie mir, bestimmt bereits passiert, dass du eine Aufgabe vergessen hast. Eine Aufgabe, z. B. eine Hausaufgabe oder eine wichtige Deadline zu vergessen, raubt dir gute Noten, Zeit und Energie. Mit einer To-do-Liste passiert das nicht, denn diese wird dich an deine Aufgaben erinnern, sodass dein Kopf frei wird, um dich dem Lernen zu widmen.

Du kannst natürlich Zettel und Stift nehmen, um wichtige Aufgaben (z. B. das Erledigen deiner Chemiehausaufgaben bis Freitag) aufzuschreiben, jedoch hast du mit einer digitalen App den Vorteil, dass du dein Handy immer zur Hand hast, um etwas „durchzustreichen" oder neue Aufgaben hinzuzufügen.

Ich nutze dazu die App „Wunderlist". Sie ist kostenlos für Android, iOS und auch für Desktop PCs erhältlich. Wunderlist hat viele nützliche Funktionen, mit denen du mehr Struktur in deinen Lernalltag und auch in dein Privatleben bringen kannst. Außerdem macht es Spaß, erledigte Aufgaben von der To-do-Liste zu streichen. Einige der Funktionen von Wunderlist sind:

- Aufgaben nach Reihenfolge und Wichtigkeit sortieren.
- Aufgaben nach verschiedenen Kategorien sortieren (z. B. nach Lernfächern oder nach Dringlichkeit).

- Erinnerungen per E-Mail, um dich an wichtige Abgabefristen oder Termine zu erinnern.
- Die Möglichkeit, deine To-do-Liste mit Freunden zu teilen (z. B. bei gemeinsamen Fächern, Referaten oder Projekten).
- Viel Raum für Notizen und spontane Ideen, die du direkt mit deinem Handy in Wunderlist eintippen kannst (z. B., wenn dir spontan einfällt, dass du noch eine bestimmte Aufgabe erledigen solltest).

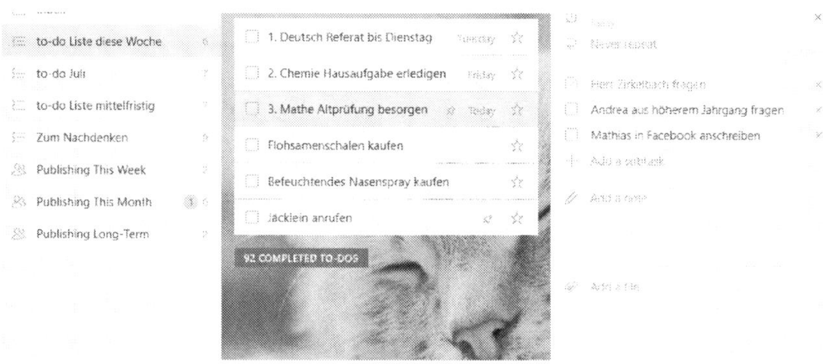

Abbildung 3 – Meine To-do-Liste für diese Woche (als Desktop App).

Wie du an meinem Beispiel sehen kannst, habe ich meine Aufgaben nach Zeiträumen sortiert: diese Woche, den jeweiligen Monat und mittelfristige Aufgaben. Einige Aufgaben aus dieser Woche habe ich nach Zahlen sortiert und sie absteigend gegliedert. Damit bekommt z. B. das Deutsch Referat die höchste Priorität und erscheint demzufolge als erste Aufgabe ganz oben. Bei der Aufgabe „Mathe Altprüfung besorgen" habe ich Unteraufgaben erstellt. Hier kannst du ebenfalls weiter unten Notizen eintragen, kommentieren oder Dateien anhängen. Für das Lernen ist das wirklich praktisch!

Du kannst natürlich auch deine Lernaufgaben mit Aufgaben aus dem Alltag mischen. Mir ist z. B. vorhin eingefallen, dass ich unbedingt ein befeuchtendes Nasenspray kaufen muss, weil meine Nase nachts manchmal zu trocken ist. Anstatt das den Tag über ständig im Hinterkopf zu behalten und anschließend wieder zu vergessen, greife ich direkt zu meinem Handy, tippe es ein und vergesse es direkt wieder.

Sei experimentierfreudig, habe Spaß. Du wirst schnell merken, dass du durch den täglichen Einsatz von Wunderlist zu einem richtigen Organisationstalent wirst und einen guten Überblick über deine Lernaufgaben behalten wirst. Außerdem sind solche Apps wirklich sehr gut geeignet, um die eigene Handysucht ein bisschen Richtung Lernen und Produktivität zu lenken, anstatt wieder WhatsApp-Nachrichten zu checken.

Kleiner Tipp: Ich empfehle dir, Wunderlist auch auf deinen Desktop PC zu installieren, da du mit Maus und Tastatur komfortabler editieren kannst (außerdem ist das Design wirklich schön umgesetzt). Ich nutze die Handy-App hauptsächlich, um spontane Ideen und Einfälle aufzuschreiben.

Wie immer, gilt auch hier: Hör auf damit, dieses Buch zu lesen, und fange an, die Dinge in diesem Buch anzuwenden. Gehe jetzt in deinen App Store oder einen Play Store und downloade dir eine To-do-App und eine Produktivitätsapp.

Noch mehr Zeiteffizienz beim Lernen durch den Einsatz von Kalendern

Grundsätzlich kannst du auch in deiner To-do-Liste Termine steuern, d. h., du brauchst nicht zwingend noch einen Kalender.

Ich trenne das jedoch, denn ich plane meine Lerneinheiten immer um meine Termine herum. **Lerneinheiten sind flexibel, Termine nicht**. Mithilfe eines Kalenders kannst du deine Termine mit einem Blick erfassen, dazu zählen beispielsweise auch Prüfungstermine. Auf diese Weise kannst du „Pflichtveranstaltungen" von Lerneinheiten unterscheiden.

Der Vorteil ist: Wenn du alle deine Termine auf einen Blick siehst, dann weißt du im Wochenverlauf sehr genau, wann du Zeit zum Lernen hast. Zusätzlich weißt du auch, wie lange du an jedem Tag noch lernen kannst. So ist es einfach, vorherzusagen, wie viele Konzentrationspunkte dein Tank an diesem Tag voraussichtlich noch haben wird. Du arbeitest nicht nur strukturierter, sondern du lässt auch keinen Raum mehr für Ausreden, um vor dem Lernen wegzurennen.

Besonders für Prüfungen ist hervorzuheben, dass du durch direkte Eintragung von Prüfungen schon Monate im Voraus einplanen kannst, welche Prüfungen du priorisieren solltest (diejenigen, die du von der Reihenfolge als Erstes schreibst) und welche Prüfungen du vorerst vernachlässigen kannst.

Ähnlich wie in der To-do-Liste, kannst du deine Termine verschiedenen Kategorien zuordnen. In diesem Fall kannst du für jede Kategorie eine andere Farbe zuordnen.

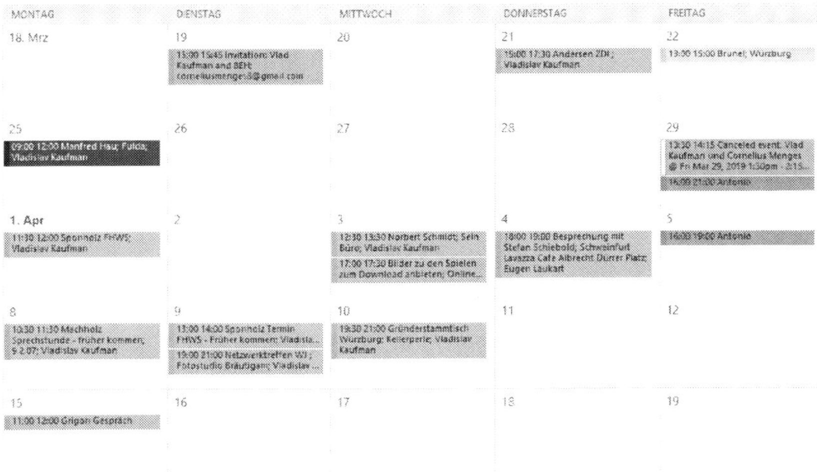

Abbildung 4 — Kalenderplanung für März und April mithilfe von Microsoft Outlook.

In dieser Abbildung siehst du meine Termine für den Zeitraum vom 18. März bis 19. April. Ich benutze dafür Microsoft Outlook. Du kannst natürlich auch eine andere App benutzen, das bleibt dir überlassen.

Du kannst sehen, dass ich am Dienstag, dem 09.04., zwei Termine habe. Demzufolge plane ich ein, dass ich am Dienstag weniger Zeit und Konzentration zum Lernen haben werde. Gleichzeitig weiß ich aber, dass ich Donnerstag und Freitag frei habe, also lege ich meine Lerneinheiten auf diese zwei Tage. Auf diese Weise behalte ich immer den Überblick und kann meinen Konzentrationstank über die Woche gut einplanen und einteilen. Die „Planung" dabei kostet mich höchstens eine Minute, denn ich sehe mit einem einzigen Blick auf den Kalender sofort, wo und wann ich Zeit zur Verfügung habe.

Ich habe meine Termine nach folgendem Schema kategorisiert:

- Grün: geschäftliche Termine
- Blau: Coaching Termine
- Helles Lila: Freizeit Verabredungen
- Dunkles Lila: besonders Wichtiges
- Gelb: sonstige

Du kannst kategorisieren, wie du möchtest. Experimentiere und tobe dich aus. Strukturiert zu sein macht Spaß, vor allem, weil du damit viel Zeit sparst und den Überblick behältst.

In Gruppen lernen: Ja oder nein?

In Gruppen zu lernen bringt sowohl Vor- als auch Nachteile mit sich. Ich selbst habe die ersten Semester während meines Studiums ausschließlich in 2er oder 3er Gruppen gelernt. Das Gleiche gilt für meine Abiturzeit. Ich muss zugeben, dass der Hauptgrund, warum ich nur in Gruppen gelernt habe, war, dass ich zu dieser Zeit nicht selbstständig genug war und mich allein nicht motivieren konnte.

Wenn du weißt, dass du ein Problem mit Selbstständigkeit und Motivation hast, dann kann das Lernen in der Gruppe ein Vorteil sein. Eine Verabredung mit deinem Lernpartner kannst du nicht so schnell absagen. Mit anderen Personen lernt es sich leichter, man kann nebenbei etwas Quatsch machen und genießt die Zeit zusammen. Vergiss aber nicht, dass du mithilfe des Gruppenzwangs davor wegrennst, selbstständiger zu sein und dich von innen heraus zu motivieren. Du setzt also hier einen Abwehrmechanismus ein. Das kann kurzfristig zwar helfen, jedoch langfristig schaden.

Gleich am ersten Tag des Studiums lernte ich meinen zukünftigen Lernpartner Frank kennen. Frank und ich gingen durch dick und dünn. Ausnahmslos jedes Fach wurde von uns zusammen gelernt. Wir scheiterten zusammen und hatten Erfolge zusammen. Nachdem wir zwei Jahre lang ein Herz und eine Seele waren, passierte etwas Besonderes: Frank hat eine Logistik Klausur bestanden, ich aber nicht. Damit hieß es, dass ich für den Zweitversuch dieser Klausur zum ersten Mal ohne ihn lernen musste. Nach etwas anfänglicher Angst vor dem Unbekannten merkte ich schnell, dass mir alleine lernen richtig Spaß macht, weil ich nicht an Termine und Verspätungen gebunden war; weil ich lernen konnte, wann ich wollte und meinen Fortschritt klarer sehen konnte. Nachdem ich ein halbes Jahr später die Logistik Klausur beim Zweitversuch bestanden habe, fing ich von nun an damit an, ausschließlich alleine zu lernen. Frank litt darunter sehr, da er von der Motivation, die ich ihm durch das Lernen in der Gruppe mitgebracht habe, abhängig war. Er schaffte es nicht, ohne mich zu lernen. Er rannte jahrelang vor dem Versuch, selbstständiger zu werden weg, sodass ich ihn schnell mit den bestandenen Klausuren überholte. Die Geschichte endete damit, dass ich meinen Abschluss bestanden habe, während Frank im Studium nach fünf Jahren exmatrikuliert wurde, weil er mehrere Klausurfristen nicht eingehalten und damit mehrere Drittversuche nicht bestanden hat.

Dieses Beispiel aus meiner Vergangenheit ist leider erschreckend normal. Mir fallen spontan zwei weitere Freunde ein, die einen ähnlichen Werdegang hatten und ihr Studium nach vielen Jahren abgebrochen haben. Das schlimmste an solchen Geschichten ist, dass das eigentliche Problem niemals erkannt wird und stattdessen auf etwas anderes geschoben wird: Frank kann sich bis heute nicht eingestehen, dass er das Studium aufgrund von mangelnder Selbstständigkeit nicht bestanden hat. Er denkt stattdessen, dass er im Schreiben von Hausarbeiten nicht gut genug sei, da er aufgrund von einer

Hausarbeit exmatrikuliert wurde. Anstatt das Problem in in sich zu suchen, schiebt er es auf etwas Oberflächliches. Wenn das Problem nicht erkannt werden kann, kann es auch nicht geheilt werden.

Meiner Meinung nach überwiegen demnach die Nachteile des Lernens in der Gruppe: Wenn wir ehrlich mit uns selbst sind, dann wissen wir, dass wir mit mehreren Personen langsamer lernen werden, als allein. Aus zeitlicher Sicht ist das ein Nachteil, weil wir an Termine gebunden sind und zusätzlich evtl. an einen anderen Ort fahren müssen, was uns nochmals zusätzliche Zeit und Energie kostet.

Ein weiteres Problem ist das Verstehen der Lerninhalte: Ich wusste gerade bei Fächern wie Mathe nie genau, ob ich den Vorgang oder die Formel wirklich verstanden habe, weil Frank in Mathe definitiv besser war als ich. Wie gut ich tatsächlich war, fand ich dann in der Prüfung heraus, da ich nie allein gelernt habe. So wie wir Menschen sind, denken wir, dass wir besser sind, als wir es tatsächlich sind. Das zeigten auch meine Noten. Also merke: Nur wenn du allein lernst, kannst du wirklich herausfinden, wie gut du den jeweiligen Lernstoff beherrschst.

Das führt mich zum nächsten Nachteil: Wenn du mit einer anderen Person lernst, solltet ihr ungefähr auf demselben Stand sein. Falls das nicht der Fall ist, wird eine Person ständig erklären und warten müssen, während die andere Person alles aufholen muss. So wird die gemeinsame Lernsitzung zu einer Nachhilfesitzung.

Im 3. Semester meines Logistikstudiums lernte ich zusammen mit meinem Kumpel Aaron für das große Horrorfach des gesamten Grundstudiums, präsentiert vom gefürchteten Prof. Dr. Bernhardt Zirkel:

Statistik. Da ich bereits meinen Erstversuch verschossen hatte, war die Note 1,0 mein Anspruch, um einen Drittversuch in jedem Fall zu vermeiden. Ich lernte also wie ein Weltmeister. Demzufolge beherrschte ich schnell das nötige Grundwissen, während Aaron nicht hinterherkam. Nach zwei bis drei Lernsessions gab ich das Lernen mit ihm auf und entschied mich dafür, allein weiterzumachen, da ich jede Lernsession ausschließlich damit beschäftigt war, Aaron die Grundlagen zu erklären, was mich zu viel Zeit gekostet hat und mich von meinem eigenen Lernfortschritt zu sehr abhielt.

Je mehr Personen in einer Lerngruppe sind, desto stärker wird dieser Effekt. Aus diesem Grund rate ich dir davon ab, mit mehr als drei Leuten (dich mitgerechnet) gleichzeitig zu lernen, es sei denn, du lernst regelmäßig mit diesen Freunden das Fach von Anfang bis Ende.

Ein letzter Nachteil ist die fehlende Spontanität. Ich liebe es, einfach dann zu lernen, wenn ich Lust habe, anstatt mich an einen festen Termin zu binden und evtl. an einem anderen Ort lernen zu müssen.

Falls du einen festen Lernpartner hast, dann lass dich von meiner Einstellung nicht abhalten. Krall dir deinen Lernpartner und lege los! Solltest du aber zu der Sorte Mensch gehören, die regelmäßig in verschiedenen Lerngruppen arbeitet und niemals alleine lernt, dann hinterfrage dich, wie produktiv diese Lerneinheiten sind, wie viel du vom gelernten Stoff wirklich verstehst und ob du die Gruppen nur dazu benutzt, um vor deiner eigenen Selbstständigkeit wegzurennen.

Die Wahrheit über Aufputschmittel

Die Globalisierung und das Internet haben in den letzten Jahren einen großen Wirbel um Substanzen wie Ritalin, Amphetamin und Modafinil gemacht. Die Studienlage bezüglich der Effektivität solcher Aufputschmittel ist umstritten. Im Internet liest man dennoch regelmäßig neue Berichte zu diesem Thema. Die Frage ist, ob Aufputschmittel, ob legal oder illegal, die akademische Leistung des Lernenden tatsächlich verbessern können.

Ich gebe dir an dieser Stelle meine radikal ehrliche Meinung, da ich vor und während meiner Studienzeit alle Klassiker an Aufputschmitteln durchprobiert habe: **Zu Aufputschmitteln greift nur derjenige, der Motivationsprobleme hat und prokrastiniert.**

Wenn du eine gute Lernroutine hast, dann wirst du vermutlich erst gar nicht daran denken, Drogen zur Leistungssteigerung einzusetzen, denn deine akademische Performance ist bereits weit überdurchschnittlich. Nur der Aufschieber oder der Unmotivierte ist verzweifelt genug, um Aufputschmittel nur in Erwägung zu ziehen.

Kommen wir also zum Punkt: Ja, Aufputschmittel steigern kurzfristig deine Leistung. Egal, ob Amphetamine oder sonstige „Smart-Drugs" – du wirst dich kurzfristig besser konzentrieren können und aufnahmefähiger sein, *aber* jegliche Konzentration ist geliehen. Nach oder gar während des Konsums wirst du früher oder später mit Nebenwirkungen rechnen müssen, wie z. B. Kopfschmerzen, Zahnschmerzen, Schwindel, Schlaflosigkeit und Paranoia, um ein paar Beispiele der sehr langen Liste an Nebenwirkungen zu nennen.

Ich rate dir dringend davon ab, illegale Substanzen zum Lernen zu konsumieren, weil der Leistungsgewinn sich spätestens am nächsten Tag durch einen Leistungsverlust bemerkbar macht, da die körperlichen und geistigen Nebenwirkungen dich mehr vom Lernen abhalten werden, sodass deine „Lernbilanz“ negativ bleibt. Du denkst zwar, du bist produktiv, weil du innerhalb eines Tages mehr schaffst, tatsächlich bist du aber über die gesamte Woche gerechnet unproduktiv, weil du nach deiner Konsumphase eine längere Pause brauchen wirst. Es ist übrigens genau dieser kurzfristig denkende Ansatz, der dazu leitet, eine kurze Lösung finden zu wollen in der Hoffnung, dass sich dadurch das Problem des Lernens beheben lässt.

Außerdem: Eine gute Tasse Kaffee, Energy-Drinks, schwarzer oder grüner Tee bringen dich genauso ans Ziel. Der Leistungszuwachs ist meiner Erfahrung nach beinahe identisch, die Nebenwirkungen jedoch erheblich abgeschwächt (und oftmals erst gar nicht vorhanden). Ich persönlich trinke seit Jahren schwarzen und grünen Tee, da ich gegenüber Kaffee zu empfindlich bin.

Kleiner Tipp am Rande: Verzichte auf Koffein nach 14 Uhr. Koffein hat eine lange Halbwertszeit in deinem Körper, d. h. du könntest Einschlafprobleme bekommen, wenn du nach der Mittagszeit weitertrinkst, da die Wirkung von Koffein recht lange im Körper erhalten bleibt. Ich würde auch niemals Kaffee direkt vor der Prüfung trinken, da Koffein stress- und angststeigernd wirken kann. Diese Gefühle lenken uns während der Prüfung mehr ab als die „Wachheit“ des Koffeins.

Noch ein paar Worte zu Alkohol: Gerade wenn du dich in der Lernphase befindest, ist es nicht ratsam, dich jeden Freitag und Samstag mit Alkohol abzuschießen. Je stärker dein Rausch ist, desto mehr hinderst du dein Unterbewusstsein am Nachbearbeitungsprozess.

Außerdem wirkt Alkohol neurotoxisch und zerstört damit deine Gehirnzellen. Du verblödest also buchstäblich durch das Trinken.

Schon vor meiner Abiturzeit gehörte es bei uns zum guten Ton, sich jeden Freitag und Samstag bis zum Filmriss vollzusaufen. Wir sind gegen 22 Uhr losgezogen und kamen um 5 Uhr morgens nach Hause. Zwar hat uns irgendwer mal gesagt, dass Lernen am Wochenende besonders effizient ist, weil wir am Wochenende keinen Schulunterricht und damit auch keinen Konzentrationsverlust haben, aber unsere Feierlust machte uns einen Strich durch die Rechnung. Ich hatte das große Glück, dass ich dem Filmriss nach wenigen Monaten nichts mehr abgewinnen konnte, sodass mir ein paar Bier immer gereicht haben. Einige meiner Freunde jedoch praktizierten diesen Trinkstil jahrelang. Wenn ich mich mit ihnen heute unterhalte, spüre ich deutlich, dass sie Konzentrationsprobleme haben und nur bedingt aufnahmefähig sind.

Das soll aber nicht heißen, dass du nicht ein frisch gezapftes, kühles Blondes genießen darfst! Es spricht überhaupt nichts dagegen, etwas Alkohol zu trinken. Die Dosis macht das Gift. In geringen Mengen ist der neurotoxische Effekt und die Behinderung des Nachbearbeitungsprozesses vernachlässigbar. Also: Alkohol ja, Rausch nein.

Geheimtipp: Wie du auch an faulen Tagen produktiv sein kannst

Du konntest dich also doch nicht beherrschen und hast dich letzte Nacht volllaufen lassen? Im Rausch hast du deinen Freunden auch noch geschworen, dass du am nächsten Tag lernen wirst? Jetzt liegst du aber am Sonntagvormittag total verpennt im Bett, bist verkatert, hast eine Alkoholfahne und könntest im Traum nicht daran denken, dass du jetzt deinem Schwur des Lernens, den du letzte Nacht gepredigt hast, nachgehen kannst.

Vielleicht hast du aus einem anderen Grund heute keine Konzentration oder du hast einfach keine Lust. Du kriegst einen Anfall, wenn du nur daran denkst, heute weiterlernen zu müssen.

Vielleicht würdest du gerne etwas lernen, aber du hast einfach keine Energie dazu. Wenn du nur noch eine Minute weiter lernst, dann explodiert dein Gehirn. Dennoch würdest du gerne etwas machen, weil du die Motivation dazu hast.

Im Jahr 2016, als ich intensiv Chinesisch gelernt habe, bin ich durch einen Chinesisch-Lern-Blog auf einen genialen Lerntipp gestoßen: **Passe deine Lerneinheit an deine körperliche und geistige Verfassung an.**

Was genau ist damit gemeint?

Das Lernen umfasst eine ganze Reihe von unterschiedlichen Aufgaben. Sich auf ein spezifisches Fach vorzubereiten ist die Aufgabe, die am meisten Zeit kostet, aber nicht die einzige Aufgabe, die das Lernen umfasst. Zum Lernen gehören auch mehrere Support-Aufgaben:

1. Ausleihen von Büchern und Suche nach dem passenden Lernmaterial (Skripts, PDFs, Folien, etc.).
2. Sortieren und Nummerieren von Ordnern und Mitschriften.
3. Markieren von wichtigen Passagen in der Mitschrift.
4. Vorplanung und Strukturierung des gesamten Halbjahres, von

Prüfungen, etc. (z. B. durch Eintragung in die To-do-Liste oder in den Kalender).
5. Suche nach Altprüfungen.
6. Herausfinden, welcher Lernstoff wichtig und welcher Lernstoff vernachlässigbar ist.

Diese Aufgaben erfordern deutlich weniger Konzentration und sind eine hervorragende Abwechslung zum typischen Lernalltag. Jeder von uns hat Tage, an denen wir uns nicht motivieren können. An solchen Tagen kann es hilfreich sein, sich zu fragen: „Was könnte ich tun, wenn ich auf das jeweilige Fach gerade keine Lust habe?"

Es ist meiner Meinung nach deutlich leichter, sich für z. B. das Ordnen von der eigenen Mitschrift zu motivieren, wenn die Motivation für das „eigentliche" Lernen fehlt. Diese Aufgabe wirst du früher oder später sowieso erledigen müssen, d. h. du hast an dieser Stelle keine einzige Sekunde an Produktivität verloren.

Ich selbst passe regelmäßig meine Lerneinheiten oder meine Arbeit an meine Grundstimmung und meine Verfassung an: Ich habe gerade keine Lust, weiter das Buch zu schreiben? Okay, dann lese ich mir das vorherige Kapitel stattdessen noch mal durch und korrigiere Rechtschreib- und Grammatikfehler. Ich will gerade kein Englisch lernen? Dann kann ich mir stattdessen die Aufgaben aus der Altklausur schon mal durchlesen, damit ich morgen weiß, auf was für Inhalte ich beim Lernen achten sollte. Ich habe gerade keine Lust auf Mathe? Nicht so schlimm, denn ich muss sowieso noch mal im E-Learning ein paar PDFs für Mathe herunterladen und mir genau anschauen, was davon wichtig ist.

Wenn du deine Lerneinheiten an deine körperliche und geistige

Verfassung anpasst, wirst du schnell bemerken, dass du deutlich strukturierter vorgehst und besser planst, da alle „Support"-Aufgaben des Lernens zwangsläufig etwas mit Struktur zu tun haben werden. Außerdem kannst du so gleichzeitig produktiv sein und auch dein Gewissen beruhigen, denn solche Ordnungsaufgaben kann man immer machen – auch verkatert oder unausgeschlafen. Zusätzlich können solche Aufgaben für das eigentliche Lernen besser motivieren. Jeder lernt gerne mit Ordnung, anstatt im Chaos einer schlechten Zettelwirtschaft.

Schaue also immer, in welchem Gemütszustand du dich befindest. Wenn du dir beispielsweise vorgenommen hast, dich in deine Hausarbeit zu stürzen, vor der du die letzten Wochen ein bisschen weggerannt bist, dich aber dazu nicht motivieren kannst, dann kannst du z. B. mit dem Deckblatt anfangen oder dir ein Tutorial auf YouTube anschauen, wie man am schnellsten eine Hausarbeit schreibt. Solche Nebenaufgaben werden dich motivieren und den Einstieg in die Hauptaufgabe erleichtern. Oft haben wir Angst vor einer Lerneinheit, weil die Aufgabe so überwältigend scheint. Wenn das der Fall ist, dann fange mit etwas Kleinem an und baue Schritt für Schritt darauf auf. Nach dem Deckblatt kannst du z. B. zwei bis drei Stichpunkte machen, was du unbedingt in die Hausarbeit schreiben wirst, danach machst du dir zwei bis drei Stichpunkte über die Einleitung, die Struktur, etc. Früher oder später wirst du automatisch mit dem Schreiben beginnen, weil du den äußeren Rahmen dazu vollständig aufgebaut hast. Mit Besteck isst es sich leichter.

Der springende Punkt hierbei ist: **Widme dich den Aufgaben, die du sowieso *später* tun müsstest, für die du dich aber *jetzt* motivieren kannst**. Dein späteres Ich wird es dir danken. Und dein (nicht mehr schlechtes) Gewissen ebenfalls.

Hier sind ein paar weitere Dinge, die du tun kannst, falls du dich für die Hauptaufgabe gerade nicht motivieren kannst. Dies sind alles Dinge, die dennoch zu 100 % als produktiv zu bezeichnen sind (sie haben aber im Gegensatz zu den eben genannten Beispielen nichts mit Struktur zu tun).

1. Erstelle eine Audioaufnahme vom Lernstoff. Stelle dir selbst während der Aufnahme einige Fachfragen und beantworte diese direkt im Anschluss, während die Aufnahme läuft. Höre dir ein paar Tage später diese Aufnahme an und pausiere nach den Fragen (damit du die Antworten nicht hören kannst). Versuche, die Fragen zu beantworten.
2. Schreibe eine Zusammenfassung mit den wichtigsten Prüfungsinhalten deiner bisherigen Mitschrift (welche du dann ebenfalls aufnehmen und kurz vor der Prüfung anhören kannst).
3. Lerne zusammen mit einer anderen Person oder verabrede dich dazu.
4. Mache eine längere Pause, in der du dich sportlich betätigst oder eine Meditationssession, um deine Konzentration zu regenerieren. Lerne anschließend weiter.
5. Frage Freunde oder Familienmitglieder, ob sie dir bei der jeweiligen Aufgabe helfen können.
6. Schaue dir eine Anleitung auf YouTube an oder benutze Google, um die Aufgabe zu lösen.

Unser Gehirn liebt es, neue Sachen auszuprobieren. Genauso wie der Beginn einer jeden Beziehung besonders aufregend ist, können solche Abwechslungen für neuen Spaß beim Lernen sorgen. Sei experimentierfreudig und probiere ein paar Sachen aus!

Ist deine Motivation und deine Konzentration gerade sehr hoch, tätige eine der folgenden Aufgaben:

1. Nimm direkt das schwerste Fach und die schwersten Aufgaben in Angriff. Je früher du mit der schwersten Thematik beginnst, desto mehr Zeit hast du, um sie zu verstehen, falls Probleme auftauchen sollten.
2. Teste dich selbst: Frage dich den Lernstoff ab oder frage einen Freund, der dich abfragen könnte (oder höre dir eine von dir gemachte Aufnahme an, um dich selber abzufragen).
3. Bearbeite Aufgaben von Altprüfungen oder Lernmaterial für die direkte Prüfungsvorbereitung.

Je nachdem welchen Anspruch du bezüglich deiner Note hast, kann es sinnvoll sein, entweder die schwersten Aufgaben zuerst anzupacken (falls du eine sehr gute Note möchtest) oder nach Verteilung. D. h., du bearbeitest die Aufgaben, die in der Prüfung voraussichtlich besonders viele Punkte bringen werden als Erstes (falls das Bestehen dein Hauptziel ist und nicht die gute Note) und vernachlässigst Aufgaben, die wenig relevant sind.

Warum lernen mit jeder Session immer einfacher wird

Lernen ist eine Gewohnheit. Je mehr du prokrastinierst, desto weniger bist du an das Lernen gewöhnt. Deshalb fällt dir auch das Anfangen so schwer. Aus diesem Grund wird das Lernen auch mit jedem Neuversuch leichter für dich.

Du stehst jeden Tag auf und hast zu einer bestimmten Uhrzeit dein Frühstück. Du bist daran gewöhnt, z. B. um 8 Uhr am Morgen etwas zu essen. Das hast du jahrelang praktiziert. Eine Gewohnheit ist entstanden. Weder verbringst du viel Zeit damit, das Frühstück zu planen, noch denkst du viel darüber nach. Du isst einfach jeden Morgen um 8 Uhr dein Frühstück.

Was würde jetzt passieren, wenn du plötzlich kein Frühstück am Morgen zu dir nehmen würdest? Dein Körper wird dich daran erinnern, dir Hunger signalisieren und du wirst dich vermutlich auf die eine oder andere Art und Weise unwohl fühlen, weil dein Magen leer ist.

Das Gleiche entsteht beim Lernen: Wenn das Lernen bei dir zu einer Gewohnheit geworden ist, wirst du nicht an das Lernen denken. Es wird dich weder Überwindung kosten, noch wirst du ein großes Maß an Ambition und Motivation benötigen, um dich ans Lernen zu setzen. Du tust es einfach, weil es etwas völlig Normales für dich ist. Du setzt dich hin und legst los, ohne darüber nachzudenken. Du isst dein Frühstück.

Mache das Lernen zur Gewohnheit, indem du eine feste Tageszeit dafür einplanst oder indem du jede Woche eine festgelegte Anzahl an Lerneinheiten abhakst.

Auch hierfür kannst du einen Habit-Tracker oder Produktivitätsapps wie Forest benutzen, um neue Gewohnheiten aufzubauen. Wie du den inneren Schweinehund überwinden kannst, hast du bereits in den ersten Kapiteln gelernt. Nutze dieses Wissen und mache das Lernen zur Gewohnheit.

Ein kleiner Tipp: Der Volksmund sagt, dass sich Gewohnheiten innerhalb von 21 Tagen aufbauen lassen. Die Studienlage widerspricht dem jedoch: Der Aufbau einer echten Gewohnheit dauert in etwa 60–80 Tage. Pass also auf, dass du nicht zu schnell in alte

Gewohnheiten fällst (und dir gleichzeitig nicht genug Zeit lässt, um neue Gewohnheiten aufzubauen). Es kommt oft vor, dass gerade der Aufschieber nach einer produktiven Phase von zwei bis drei Wochen wieder in sein altes Muster zurückfällt, weil er sich zu sehr auf seinem Erfolg ausruht. Deshalb: Weitermachen und den Fortschritt dokumentieren. So hast du immer alles schwarz auf weiß.

Wie du in den Ferien zum Einser-Kandidaten wirst

„In den Ferien lernen? Bist du bescheuert?"

Ferien sind meiner Meinung nach einer der Gründe, warum gerade der Aufschieber und der Demotivierte in Schule und Studium versagen, denn in den Ferien baut sich die Gewohnheit des Lernens wieder ab, welche in der Prüfungsphase mit großer Anstrengung aufgebaut wurde. Der Lernende denkt: „Ja, bald sind endlich Ferien. Dann habe ich frei, muss nichts mehr machen und kann mich ausruhen".

Diese Denkart kann zum Problem werden. Wenn du das Lernen nach der Prüfungsphase komplett aus deinem Lebensinhalt streichst, dann sinkt die Priorität des Lernens kontinuierlich und darauffolgend ebenfalls die Motivation. Die Gewohnheit wandelt sich wieder zurück zur Prokrastination.

Stelle dir vor, du hast während der Ferien keinen einzigen Gedanken an das Lernen verschwendet. Ein neues Halbjahr beginnt und du nimmst dir vor, *diesmal* unbedingt vom ersten Tag an zu lernen, aufzupassen, mitzuschreiben und mit voller Ambition durchzustarten. Pustekuchen, denn du hast durch die lange Ferienzeit deine

Lerngewohnheit wieder auf 0 gebracht. Zum Halbjahresbeginn wird es dir demzufolge schwerfallen, dich für das Lernen zu motivieren, denn du musst die Gewohnheit wieder von vorne aufbauen, ebenso deine Motivation. Das kann mehrere Monate dauern – es sind genau diese 60–80 Tage, die der typische Schüler oder Student braucht, bis er gegen Ende des Halbjahres eine Lernroutine aufgebaut hat, die er dann nach der letzten Prüfung fallen lässt. Und dann beginnt der Zyklus von Neuem. Kein Wunder, dass das Lernen dann als Teufelskreis bezeichnet wird. Wenn du das auch so praktizierst, dann ist es auch einer.

Merke: Nach der Prüfung ist vor der Prüfung!

Nachdem das Halbjahr zu Ende ist, wird ein neues Halbjahr mit neuen Prüfungen kommen. Du bist also nach Abgabe deiner letzten Prüfung sozusagen direkt wieder in der Vorbereitungsphase der nächsten Prüfungen. Warum also nicht gleich weitermachen?

Das Lernen in der Ferienzeit hat eine Reihe von Vorteilen, die nicht zu unterschätzen sind:

1. Du hast in den Ferien eine riesige Chance, mit wenig Aufwand deine Lernroutine am Leben zu erhalten. Eine einzige Lernsession von ca. 45 Minuten am Tag reicht völlig aus, um die Gewohnheit beizubehalten. Nach Beginn des nächsten Halbjahres wird es sehr einfach für dich sein, aus den 45 Minuten mehr zu machen.
2. 45 Minuten am Tag während der gesamten Ferien zu lernen, kann einen *astronomischen* Unterschied ausmachen, was deine Noten und deinen Lernerfolg angeht.

3. Du hast in den Ferien keinen Unterricht, d. h. dein Konzentrationstank ist jeden Tag voll aufgeladen, sodass du beim Lernen in den Ferien besonders gut konzentriert sein wirst und schneller lernen wirst.
4. Es wäre schade, den Konzentrationstank während der Ferien nicht zumindest ein bisschen zu beanspruchen. Denke daran: Diese Tage gehen dir für immer verloren, da du nicht ausgelastete Lernkapazität nicht einfach so in die Zukunft schieben kannst, wenn du sie in der Vergangenheit nicht ausgelastet hast. Du streichst diese Konzentrationspunkte für immer aus deinem Leben.

Das ist natürlich kein Appell an dich, zu einem besessenen Lern-Nerd zu werden. In diesem Buch geht es schließlich um zeitliche Effizienz – und wie du sehen kannst, ist das Lernen in den Ferien hochgradig effizient. Natürlich kannst und sollst du deine Ferien genießen, aber sei dir bewusst, was für Folgen es haben kann, wenn du das Lernen komplett ausblendest.

Du musst auch nicht zwingend ein Fach aus dem nächsten Halbjahr lernen, um die Gewohnheit am Leben zu erhalten. Du kannst auch beispielsweise die Gewohnheit durch das Lesen von Büchern oder das Erlernen von neuen Fähigkeiten, die für Schule und Studium relevant sein könnten, ersetzen. Oder eine andere Gewohnheit, die deine Konzentration erfordert. Wichtig ist, dass die Gewohnheit bleibt.

Das Lernen ist wie ein Muskeltraining im Fitnessstudio. Muskeln brauchen Zeit, um zu wachsen. Wenn man sie nicht regelmäßig trainiert, werden sie wieder schrumpfen. Du kannst niemals den Muskel innerhalb von wenigen Tagen wachsen lassen, er braucht Wochen und Monate, bis er größer wird und mehr Kraft bekommt. Sobald die Kraft aber da ist, wird es für dich spielend leicht, die Gewichte zu heben, die für dich anfangs noch so schwer waren.

Zusammenfassung: Wie du in kürzerer Zeit das Maximum an Produktivität herausholst

Im Folgenden fasse ich für dich das gesamte Kapitel zusammen, damit du einen kleinen Spickzettel hast. Nutze diesen und probiere, so viele Dinge wie möglich zu implementieren.

Den Nachbearbeitungseffekt deines Gehirns durch längere Pausen zunutze machen:

1. Fange früh genug mit dem Lernen an, damit dein Unterbewusstsein genug Zeit zum Nachbearbeiten hat. Wenn du deine Lernsessions über einen längeren Zeitraum streckst, wirst du in derselben Konzentrationszeit mehr lernen.
2. Lege eine zwei bis drei Tage lange Pause ein, falls du nach mehreren Tagen intensiven Lernens mehr und mehr Schwierigkeiten beim Vorankommen im jeweiligen Fach hast.
3. Habe mindestens 1x pro Woche einen Tag, an dem du 24 Stunden lang gar nicht lernst (z. B. jeden Sonntag).

Mithilfe von kurzen Pausen die gesamte Lernzeit verkürzen:

1. Benutze eine Produktivitätsapp (z. B. Forest), um zyklisch zu lernen, dich beim Lernen weniger abzulenken, dich mit

deinen Freunden zu duellieren und um deine Lernsessions zu dokumentieren.

2. Wähle ein passendes Lernen-und-Pause-machen-Intervall (Empfehlung: 45/15. Alternativ: 25/5, 60/20 oder einen ähnlichen Zyklus). Benutze dieses Lernintervall konsequent!
3. Lerne niemals länger als 60 Minuten lang in einer Lernsession.
4. Lasse dich während der Konzentrationsphase nicht ablenken. Schalte deine Handybenachrichtigungen aus. Deaktiviere Ton und Vibration.
5. Entspanne deinen Fokus während der Pause-Zeiten: Benutze keine Elektronik und denke nicht über das gelernte Fach nach. Entspanne dich stattdessen, indem du etwas isst, aufräumst, Sport machst, spazieren gehst, meditierst oder ein Nickerchen machst.
6. Probiere Meditation aus. Das ist das beste Tool zum Lernen, das je existiert hat.

Durch optimiertes Schlafverhalten effektiver lernen:

1. Schlafe mindestens sechs Stunden und höchstens neun Stunden pro Nacht.
2. Gehe immer zur selben Zeit ins Bett und stehe immer zur selben Zeit auf.
3. Höre spätestens 60 Minuten vor dem Zubettgehen mit dem Lernen auf.
4. Verzichte die letzten 60 Minuten vor dem Zubettgehen auf Elektronik und sorge für weniger Licht in deinem Zimmer, damit dein Gehirn sich entspannen kann und damit es genug Raum bekommt, um das Schlafhormon Melatonin auszuschütten.

Mit To-do-Listen und Kalendern deine Lerneinheiten und Deadlines besser organisieren:

1. Benutze eine To-do-Liste (z. B. Wunderlist), um deine Aufgaben nicht zu vergessen, sie nach Prioritäten zu ordnen und um an Deadlines erinnert zu werden.
2. Benutze eine Kalenderapp (z. B. Microsoft Outlook), um Termine einzutragen, damit die Lerneinheiten um die Termine herum geplant werden können und damit auf einen Blick ersichtlich ist, an welchen Tagen viel Konzentration und an welchen Tagen wenig Konzentration vorhanden sein wird, um zu lernen.

Alleine effektiver lernen oder vom Lernen mit Gruppen profitieren:

1. Lerne entweder alleine, weil du so zeitlich flexibel bist, deinen Lernfortschritt besser erkennst und weil du so genau weißt, wie gut du den Lernstoff beherrschst.
2. Lerne nur in der Gruppe, wenn du einen festen Lernpartner hast, der mit dir auf demselben Stand ist.
3. Nutze das Lernen in der Gruppe, falls du dich alleine nicht motivieren kannst. Sei dabei aber ehrlich zu dir selbst und frage dich, ob du in der Zukunft selbstständig genug bist, um alleine lernen zu können.

Deine Lerneinheiten an deine körperliche und geistige Verfassung anpassen:

1. Bei wenig oder gar keiner Motivation/Konzentration: ordnen, Lernmaterial suchen, Mitschriften sortieren, Bücher ausleihen,

Altprüfungen suchen, Prioritäten setzen, Skripte herunterladen und ausdrucken.

2. Bei mittlerer Motivation/Konzentration: Audioaufnahmen machen, Mitschriften durchlesen und/oder zusammenfassen, mit anderen Personen lernen, Familienmitglieder fragen.
3. Bei hoher Motivation/Konzentration: Die schwersten Aufgaben in Angriff nehmen, sich selbst Lernstoff abfragen, Altprüfungen bearbeiten.
4. Trinke Kaffee, Tee oder Energy-Drinks, um dich zusätzlich zu motivieren.

Lernen zur Gewohnheit machen und nie wieder Motivationsprobleme bekommen:

1. Lege regelmäßige Lernzeiten fest. Orientiere dich dabei an deinem Kalender.
2. Absolviere eine Mindestanzahl an Lernsessions jede Woche. Dokumentiere dein Lernverhalten dazu mithilfe einer Produktivitätsapp.
3. Nutze die Ferienzeit zum Lernen, da du später so oder so lernen musst. Während der Ferienzeit hast du deutlich bessere Konzentration, da du keinen Unterricht hast und dich nicht durch Prüfungen gestresst fühlst.
4. Erhalte deine Lerngewohnheit auch nach der Prüfungszeit aufrecht, indem du während der Ferien mindestens 45 Minuten am Tag, fünf Tage die Woche lernst.

Geheimnis #3: Für Prüfungen richtig lernen

Du bist also motiviert, hast mehrere Ansätze aus dem Kapitel zur Produktivität implementieren können und willst nun loslegen? Bevor ich dir einige sorgfältig ausgewählte Lerntechniken zeige, möchte ich dir zunächst wertvolle Tipps geben, wie du strukturiert an deine Prüfungen herangehen kannst. Wenn du diese Tipps befolgst, kann es gut sein, dass du alleine dadurch gewaltige Sprünge in deinem Notendurchschnitt machen wirst.

In diesem Kapitel geht es vor allem darum, wie du Abkürzungen findest, Lernzeit einzusparen, wie du dich beim Lernen auf die wichtigsten Inhalte fokussieren kannst und wie du unwichtiges Lernmaterial ausblendest. Ich werde dir verraten, wie du in jeder Prüfung innerhalb kürzester Zeit maximale Resultate erreichen kannst. So wie das letzte Kapitel sich mit der Produktivität im Allgemeinen beschäftigt hat, so beschäftigt sich dieses Kapitel gezielt mit Produktivität für Prüfungen.

Was sind nun die effizientesten Tools, um mit möglichst wenig Lernzeit eine möglichst gute Note zu bekommen?

Altprüfungen: Das beste Lernmittel überhaupt

Dein Semester, Halbjahr oder deine Schulung fängt nun an. Du weißt also, welche Fächer und welche Prüfungen du schreiben wirst. Die erste und wichtigste Frage, die du dir stellen kannst, ist immer diese: Gibt es Altprüfungen? Wenn ja, wo bekommst du diese her?

Gerade wenn du Student bist oder du einen standardisierten Test schreibst, wie z. B. einen Englisch B2 Test oder das Landesabitur, ist es besonders einfach, an Altprüfungen heranzukommen. Hier kannst du im Normalfall deinen Lehrer fragen und er wird dir welche geben oder du kannst schnell mit Google und/oder YouTube dir die nötigen Dateien holen. Falls der Lehrer erst am Ende des Halbjahres die Prüfungen dir geben möchte, probiere ihn zu überreden, indem du ihm sagst, dass du schon früher anfangen willst zu lernen. Ein kleiner Tipp aus der Verkaufspsychologie, um deinen Lehrer zu überzeugen: Gib immer einen Grund an, wenn du etwas möchtest. Wenn Menschen eine Begründung erhalten, ist die Wahrscheinlichkeit weitaus größer, dass sie zustimmen.

Sollte es für dich schwieriger sein, Altprüfungen zu beschaffen, dann rate ich dir Folgendes: Finde jemanden aus einem höheren Jahrgang oder aus einem höheren Semester. Je weiter fortgeschritten die Person ist, desto mehr Prüfungen hat sie bereits geschrieben, desto größer ist ihr Netzwerk und desto mehr Tipps kann sie dir geben. Am besten ist es, wenn du eine Person ausfindig machen kannst, die kurz vor dem Abschluss des Studiums, Gymnasiums, Realschule, etc. steht. Diese Person wird tendenziell besonders viele Altprüfungen und allgemeine Tipps haben, die für dich Gold wert sind.

Warum Altprüfungen so nützlich sind, ist kein Geheimnis: Wenn du mehrere Altprüfungen hast, dann weißt du mit sehr hoher Wahrscheinlichkeit, was genau du lernen musst und was nicht. Damit kannst du sämtliche Lerneinheiten und all deinen Lernstoff, z. B. das Lesen von bestimmten Kapiteln in Büchern, direkt darauf auslegen, was wirklich wichtig ist. Du kannst, wenn du ein Buch liest, direkt in das Kapitel springen, welches mit den Prüfungsthemen zu tun hat, anstatt unwichtige Passagen mitzulesen. Das kann dir viele

Hunderte von Stunden an Arbeit sparen. Damit sind vorhandene Altprüfungen eine der produktivsten Lernmethoden überhaupt.

Probiere also, so schnell wie möglich zu Beginn des Halbjahres an Altprüfungen heranzukommen. Je schneller du welche hast, desto schneller wirst du wissen, worauf bei der jeweiligen Prüfung zu achten ist. Ich habe beispielsweise Altprüfungen immer mit in die Vorlesung genommen und während der Vorlesung die Fragen aus der Prüfung immer wieder mit dem, was der Professor gesagt hat, abgeglichen und mir entsprechende Notizen gemacht, anstatt jeden Satz, den ich als wichtig empfunden habe, aufzuschreiben.

Im Normalfall kennt jemand aus deiner Klasse bereits Leute aus einem höheren Jahrgang bzw. Semester. Diese Leute kannst du nach Altprüfungen fragen (falls das nicht möglich ist, kannst du immerhin fragen, worauf es in den Prüfungen ankommt und was abgefragt wurde). Alternativ kannst du über soziale Netzwerke und entsprechende Gruppen jemanden ausfindig machen. Kleiner Tipp: Solche Freundschaften lassen sich besonders gut aufbauen, wenn du zuerst probierst, etwas Nützliches für diese Person zu tun und erst im Anschluss um einen Gefallen bittest. Niemand mag es, wenn jemand ständig fordert, aber nie etwas zurückgibt.

Während des vierten Semesters nahm ich das Fach Wirtschaftsprivatrecht in Angriff. In meinem Jahrgang hatte ich eine Bekannte: Samantha. Sie konnte nicht besonders gut Deutsch sprechen, was natürlich für ein Fach wie Wirtschaftsprivatrecht eine Katastrophe war. Deshalb wollte sie, dass ich ihr bei diesem Fach helfe und sie beim Deutsch lernen unterstütze. Ich half ihr etwa zwei Wochen lang – fast jeden Tag. Später fragte ich sie, ob sie mir ihre Mitschrift für ein anderes Fach geben könnte. Anschließend fragte ich sie noch mal und dann noch mal. Ich bekam von ihr immer wieder die Antwort, dass sie es mir später geben würde. Nach einer Woche wurde ich sauer, konfrontierte sie damit und sagte ihr, dass ich ihr Verhalten nicht in Ordnung finde, weil ich ihr mehrere Wochen lang fast täglich geholfen habe und sie es immer noch nicht geschafft hat, mir diese verdammte Mitschrift zu geben. Nach dem Gespräch durfte sie sich einen neuen Lernpartner suchen.

Bestimmt kennst du auch so eine Person. Falls du nicht nur so eine Person kennst, sondern selber eine waschechte Samantha bist, dann empfehle ich dir, dass du dich in der Fähigkeit, sich in die Lage anderer Menschen emotional hineinzuversetzen, übst. Das Austauschen von Mitschriften, Altprüfungen und Co. ist ein Geben und Nehmen.

Wie du alternativ herausfindest, worauf es in der Prüfung wirklich ankommt

Natürlich wirst du nicht immer die Möglichkeit dazu haben, für jede deiner Prüfungen an drei Altprüfungen heranzukommen. Das gilt vor allem dann, wenn du Schüler bist. Es gibt aber auch andere Dinge, die du tun kannst:

1. Frage zu Beginn des Halbjahres deinen Lehrer bzw. Prof., welche Gewichtungen die jeweiligen Themen in der Prüfung haben werden.

Im Normalfall sollte es für den Lehrer kein Problem sein, die Gewichtung seiner Prüfung preiszugeben. Wenn du beispielsweise bei einer Matheprüfung weißt, dass der Theorieteil nur 20 % der Punkte ausmacht und die eigentlichen Aufgaben ganze 80 %, dann kannst du deine Lernsessions entsprechend optimieren und das Beantworten der Theoriefragen vernachlässigen (da gerade solche Theoriefragen in wissenschaftlichen und logikbasierten Fächern oftmals mit mehr Lernaufwand verbunden sind, jedoch eine geringe Gewichtung in der Prüfung haben). Auch hier gilt: Je früher du die Gewichtung herausfindest, desto schneller kannst du deinen Fokus auf die richtigen Themeninhalte lenken und desto mehr Lernzeit wirst du sparen.

2. Achte darauf, welche Themen während der Unterrichtseinheit besonders ausführlich besprochen werden.

Dieser Tipp ist überhaupt kein Hexenwerk, aber wird erstaunlich selten praktiziert. Ich selbst habe auch schon den Fehler gemacht, beispielsweise im Fach Statistik irgendwelchen Wahrscheinlichkeitsrechnungen hinterherzujagen, die während der gesamten Vorlesungszeit höchstens 30 Minuten lang vom Professor besprochen wurden. Dass die besagte Aufgabe zum Thema der Wahrscheinlichkeitsrechnung in der Prüfung dann auch nicht drankam, hätte ich mir eigentlich denken können: Zwar habe ich den Professor gefragt, ob diese Aufgabe denn jemals drangekommen wäre, was er bejahte, jedoch konnte ich sie in keiner einzigen Altprüfung wiederfinden (ich hatte etwa fünf Altprüfungen zur Verfügung). Demzufolge ist die Wahrscheinlichkeit, dass diese eine Aufgabe drankommt, deutlich geringer als jede mögliche Aufgabe, die ich mindestens zweifach in den Altprüfungen finden konnte. Trotzdem war ich doof genug und habe einen ganzen Lerntag damit verbracht, diese Wahrscheinlichkeitsrechnung zu verstehen.

Also merke: Achte auf die richtige Priorisierung bei deinen Lernsessions. Mache dir während der Unterrichtseinheit Notizen, welche Aufgaben ausführlich besprochen werden und welche Aufgaben nur kurz angeschnitten werden. Diese Aufgaben solltest du zuerst lernen und besonders gut verstehen. Auch bei Altprüfungen gilt: Je öfter die Aufgabe in den Altprüfungen vorkam, desto eher wird sie erneut vorkommen. Wenn du jedoch eine 1,0 als Ziel hast, dann wird die Priorisierung weniger bedeutend, da eine Fehleinschätzung der Priorisierung, welche ab und zu vorkommen wird, dir eine Notenstufe kosten kann.

3. Besuche die Sprechstunde deines Lehrers bzw. Professors!

Lehrer und Professoren sind auch nur Menschen. Wenn du die Motivation zeigst, in die Sprechstunde zu gehen und Fragen zu stellen, dann ist die Wahrscheinlichkeit hoch, dass du dafür belohnt wirst. Und zwar dadurch, dass du vom Lehrer in dieser Sprechstunde wertvolle Tipps zur Prüfung erhältst, die dem Rest der Klasse vorenthalten werden. Ich habe schon in Sprechstunden Hinweise zu Prüfungen erhalten, die unbezahlbar waren. Falls dir dein Lehrer keine Tipps geben möchte, kannst du auch kluge Fragen stellen, um ihn zu einer Reaktion zu zwingen, anhand derer du abwägen kannst, welche Prüfungsinhalte wichtig sind und welche nicht.

Gegen Ende meines Studiums nahte eine Klausur, die über 300 Seiten an PDFs und eine entsprechende Durchfallquote mit sich bringt: Logistikdienstleistungen. Unser Herr Prof. Schmalfuß war dafür bekannt, dass er seine Studenten zum exzessiven auswendig lernen zwingt und niemals verrät, was wirklich prüfungsrelevant ist. Da ich große Angst vor dieser Klausur hatte, quälte ich mich durch die gesamten 300 Seiten, wobei mir beim Lernen auffiel, dass es viele Fallstudien gab, die zwar sehr ausführlich in den PDFs erklärt wurden, aber nur selten in den Vorlesungen angeschnitten wurden. Ich ging also in die Sprechstunde vom Herrn Schmalfuß, ließ mir einige Aufgaben erklären und fragte ihn am Ende der Sprechstunde: „Sind die Fallstudien auch prüfungsrelevant?“ Er antwortete: „Alles ist prüfungsrelevant.“ Während er das sagte, schüttelte er jedoch den Kopf, hatte eine völlig andere Tonlage und schaute mir gar nicht erst in die Augen. Ich hatte das Gefühl, dass irgendetwas gewaltig faul an dieser Situation war. Mir kam sein Verhalten sehr verdächtig vor.

Zwei Tage später ging eine Bekannte von mir – Denise – ebenfalls in seine Sprechstunde. Sie stellte ihm ebenfalls eine kluge Frage: „wie korrigieren Sie eigentlich die Prüfungen?“ Herr Schmalfuß antwortete, dass er – so wie die meisten Professoren – spätestens nach der dritten korrigierten Prüfung den geschriebenen Text der Studenten gar nicht mehr richtig liest, sondern nur noch auf die Schlagwörter (die Key Words) achtet und auf Basis darauf bepunktet, wie oft der Student diese Schlagwörter in den jeweiligen Aufgaben eingesetzt hat. Er sagte, dass das Lesen von 200 Klausuren ansonsten zu anstrengend ist. An diesem Tag lernte ich also: Auch Professoren können faul sein. Ebenfalls lernte ich, dass ich meine geschriebenen Antworten in jeder Klausur vom Herrn Schmalfuß mit schönen Logistik Schlagwörtern ausschmücken sollte, um eine bessere Note zu bekommen.

Ich knallte also die gesamte Klausur mit all den Logistikfachwörtern zu, die ich von Herrn Schmalfuß gelernt habe. Ebenfalls lernte ich die Fallstudien bewusst nicht, da ich das Gefühl hatte, dass Herr Schmalfuß mich bei seiner Antwort à la „Alles ist prüfungsrelevant“ angeflunkert hat. Das Ergebnis der Prüfung: Die Fallstudien kamen nicht dran und ich schrieb als Studiengangsbester eine 1,3, während die zweitbeste Note eine 2,3 war. Natürlich habe ich auch sehr viel gelernt, aber ohne die Fallstudien konnte ich gute 20 % des Lernstoffes ausblenden, mich auf den Rest der Prüfungsinhalte besser fokussieren und mit dem großzügigen Einsatz von Schlagwörtern mehr Punkte pro Aufgabe abräumen als meine Mitstreiter.

Natürlich ist das Hingehen zur Sprechstunde mit zusätzlichem Aufwand und Zeit verbunden, jedoch kann sich dieser Aufwand gerade bei schwereren Prüfungen definitiv auszahlen.

4. Sei, nachdem jemand aus einem höheren Jahrgang bzw. Semester eine Prüfung geschrieben hat, direkt vor Ort und stelle Fragen über die eben geschriebene Prüfung!

Dieser Trick ist absolut genial, funktioniert aber nur, wenn du Zugriff zu den Prüfungsterminen deiner Mitschüler bzw. Kommilitonen hast (an den Hochschulen und an den Universitäten sind Prüfungstermine öffentlich zugänglich).

Der Trick funktioniert folgendermaßen: Du musst im nächsten Halbjahr eine schwere Prüfung schreiben und möchtest erfahren, was in dieser Prüfung drankommt. Schaue dir dazu die Prüfungstermine von Schülern bzw. Studenten aus einem höheren Jahrgang an. Wenn du beispielsweise als Maschinenbauer weißt, dass Thermodynamik ein besonders schweres Fach mit einer 80%igen Durchfallquote ist, dann gucke dir an, wann diese Klausur von einem höheren Jahrgang geschrieben wird. Sei direkt, nachdem die Klausur fertig geschrieben wurde, vor dem Raum. Die Studenten werden nach der Klausur den Raum verlassen und du kannst mit ihnen ins Gespräch kommen. Sie können sich zu 100 % daran erinnern, was in der Klausur drankam, schließlich haben sie diese gerade vor einer Minute geschrieben. Nimm dir ein Papier und einen Stift und frage, was drankam. Die Studenten werden direkt nach der Klausur sowieso über die Inhalte sprechen (und sich darüber aufregen, was sie alles nicht gewusst haben), von daher wird es leicht für dich sein, Antworten zu bekommen. So jemanden kurz zu interviewen dauert nur wenige Minuten. Du kannst auch um Erlaubnis bitten, ob du das Gesagte mit deinem Handy aufzeichnen kannst, um dir diese Klausurinhalte später noch mal anzuhören.

Somit hast du schon bevor das Semester begonnen hat, eine sehr gute Vorstellung davon, was besonders prüfungsrelevant ist und was abgefragt werden kann. Mein damaliger Freund Manuel und ich haben diese Strategie regelmäßig eingesetzt, wenn wir eine Klausur ein Semester später als unsere Kommilitonen geschrieben haben und wussten damit immer einen Großteil der Klausurinhalte.

5. Nur für Studenten und standardisierte Tests: Hinterfrage dich, ob es wirklich produktiv ist, in die Vorlesung zu gehen!

Viele Professoren haben einen langatmigen Lehrstil, aber super Skripte, in denen alles dokumentiert ist. Je nach Fach kann es hilfreich sein, erst gar nicht in die Vorlesung zu gehen, sondern alleine zu lernen. Das hat in erster Linie den Vorteil, dass du dir Anfahrtszeit sparst. Gerade wenn du Zugriff zu vielen Altprüfungen hast, stellt sich die Frage, ob es produktiv bzw. zeitlich effizient ist, dem Prof. überhaupt in der Vorlesung 90 Minuten lang zuzuhören, wenn du sowieso weißt, was drankommen wird. Warum also nicht von Anfang an von zu Hause direkt mit dem Lernen beginnen und sich das Gelernte erarbeiten? Ich lerne deutlich effizienter, wenn ich die 90 Minuten lang selbstständig lerne, anstatt einem Prof. bei seinem Monolog zuzuhören. Die Anfahrtszeit und er Stress durch die lauten und überfüllten Vorlesungsräume entfällt ebenfalls.

Pro Semester gab es bei mir im Durchschnitt eine Klausur, zu deren Vorlesung ich nur teilweise oder gar nicht hingegangen bin. Teilweise, weil der Prof. einen furchtbaren Lehrstil hat, bei dem ich einschlafe oder nichts lerne bzw. durch die Teilnahme an der Vorlesung meine

Zeit verschwende, teilweise, weil ich sowieso schon Altprüfungen hatte und diese direkt lernen konnte und mir offene Fragen durch das Skript selbst erarbeitet habe, anstatt zuerst 90 Minuten lang in der Vorlesung im Halbschlaf zu vegetieren. Wenn du, genauso wie ich, schlecht darin bist, während einer Vorlesung gut aufzupassen und durch das Zuhören alleine etwas zu lernen, dann ist diese Strategie für dich umso interessanter. Bei mir findet das Lernen und Verstehen zu Hause statt und niemals durch das Zuhören. Bei meinem Kollegen Manuel war es jedoch das exakte Gegenteil. Wie ist es also bei dir?

Besonders interessant wird es, wenn du an einer größeren Uni studierst oder eine standardisierte Prüfung schreibst: Es gibt höchstwahrscheinlich Videoaufzeichnungen oder Live Aufnahmen von den Vorlesungen, die du dir von zu Hause aus anschauen kannst. Hier hast du abgesehen von den weggefallenen Anfahrtszeiten den Luxus, mit erhöhter Geschwindigkeit die Videos anzuschauen, zu pausieren, bei Unklarheit zurückzuspulen und diese nochmals anschauen. Ich selbst habe beispielsweise die chinesische Sprache auf ein nahezu fließendes Niveau gebracht, sowohl im Sprechen als auch im Schreiben – ich war wohlgemerkt kein einziges Mal in einer Chinesisch-Vorlesung, sondern habe mir alles alleine angeeignet. In der Zeit, in der ein Kommilitone 90 Minuten lang in einer Vorlesung hocken würde und die zusätzlichen 40 Minuten Anfahrtszeit pro Vorlesung, die mein Kommilitone braucht, kann ich deutlich besser verwenden und werde schneller Fortschritte erzielen.

Es gibt einen jungen Lernexperten, der das unabhängige Lernen auf die Spitze getrieben hat: Scott H. Young. Dieser junge Amerikaner hat im Jahr 2012 die sogenannte „MIT Challenge" gestartet. In dieser Challenge hat er ein Studium an der amerikanischen Universität

Massachusetts Institute of Technology (kurz: MIT) die Inhalte eines vierjährigen Informatikstudiums innerhalb von 12 Monaten erlernt. Er hat das getan, indem er alle Fächer nacheinander nach folgendem Schema abgearbeitet hat:

1. Sich alle Vorlesungen für ein einziges Fach innerhalb von zwei Tagen mit zweifacher Geschwindigkeit online anschauen und parallel Notizen machen.
2. Zwei bis drei Tage lang das Gelernte verinnerlichen und herausfinden, welche Teile des Faches noch unklar sind.
3. Ein bis zwei Tage lang Probeklausuren schreiben und Fehler ausmerzen.
4. Die echte Klausur schreiben.

Dieser Zyklus ging für jede Prüfung sieben Tage lang. Das heißt, dass Herr Young pro Woche eine Klausur geschrieben und bestanden hat. Nach zwölf Monaten war er mit allen Klausuren fertig (Young, 2012). Welche Lerntechniken er verwendet hat, um mit so einer Geschwindigkeit lernen zu können, erfährst du von mir im nächsten Kapitel.

Ich denke an dieser Stelle auch, dass der sehr klare Trend des E-Learnings bzw. des selbstständigen Lernens mithilfe von Online-Kursen und digitalen Medien von zu Hause aus sich immer weiter entwickeln wird und mit jedem Jahr an mehr Popularität gewinnen wird. Sei dir aber bewusst, dass das selbstständige Lernen von zu Hause aus auch bedeutet, dass viele soziale und zwischenmenschliche Komponenten dadurch auf der Strecke bleiben, da du weniger Kontakt mit der Außenwelt haben wirst, wenn du immer alleine lernst und niemals in Vorlesungen gehst. Wenn du sowieso schon ein schüchterner oder ängstlicher Mensch bist, dann rate ich dir dringend davon ab, solche Lerntechniken einzusetzen, da du diese dazu missbrauchen könntest, um dich noch mehr sozial zu isolieren.

Zusammenfassung: Für Prüfungen richtig lernen

Kurz nachdem ich mit meinem Studium fertig geworden bin, hat meine Freundin mit exakt demselben Studium angefangen. Du kannst dir vorstellen, was für Vorteile sie dadurch hat, da ich ihr genau sagen konnte, wie an unserer Hochschule so der Hase läuft: Professoren korrigieren nach Schlagwörtern, Klausur X hat diese Schwerpunkte, Klausur Y ist besonders schwer, Klausur Z kann man ohne Vorlesungen alleine durch das Skript lernen, usw. Von den ganzen Altprüfungen ganz zu schweigen. Es kann für dich also ein astronomischer Vorteil sein, Schüler und Studenten aus höheren Semestern kennenzulernen.

Im Anschluss findest du die Zusammenfassung in Stichpunkten.

Altprüfungen als bestes Lernmittel einsetzen:

1. Finde direkt zu Beginn des Halbjahres so schnell wie möglich heraus, wie du an Altprüfungen kommst.
2. Benutze Google, YouTube und Co., um Altprüfungen für standardisierte Tests zu finden.
3. Freunde dich mit Schülern und Studenten aus einem höheren Jahrgang an. Je höher der Jahrgang, desto mehr Altprüfungen und Erfahrungen wird die jeweilige Person haben und desto mehr Tipps wird sie dir geben können.
4. Schau dir die Inhalte der Altprüfungen sorgfältig an und nehme diese gegebenenfalls mit in den Unterricht. Achte

darauf, welche Aufgaben wiederholt in den Altprüfungen erscheinen. Lerne diese als Erstes. Je mehr Altprüfungen du hast, desto genauer kannst du vorhersagen, was in der Prüfung drankommen wird.

5. Konzentriere dich beim Lernen direkt auf die Aufgaben aus den Altprüfungen. Erarbeite dir das fehlende Wissen selbst. Damit hast du den zeitlich effizientesten Lerneffekt und blendest automatisch unnötiges Lernmaterial aus, da du zu 100 % auf die Prüfungsinhalte fokussiert bleibst.

Falls dir nur wenige oder gar keine Altprüfungen zur Verfügung stehen:

1. Frage zu Beginn des Halbjahres deinen Lehrer bzw. Prof., welche Gewichtungen die jeweiligen Themen in der Prüfung haben werden.
2. Achte darauf, welche Themen während der Unterrichtsstunde bzw. Vorlesung besonders ausführlich besprochen werden.
3. Gehe in die Sprechstunde deines Lehrers bzw. Professors und stelle kluge Fragen, um herauszufinden, was prüfungsrelevant ist. Achte genau auf die körperliche Reaktion und die Tonalität bei der Antwort.
4. Sei, nachdem jemand aus einem höheren Jahrgang bzw. Semester eine Prüfung geschrieben hat, direkt vor Ort und mache ein kleines Interview. Mache dir Notizen oder nimm die Inhalte mit einer Aufnahme-App auf.
5. Nur für Studenten und standardisierte Tests: Hinterfrage dich, ob es wirklich produktiv bzw. zeitlich effizient ist, in die Vorlesung zu gehen.

Geheimnis #4: Die besten Lerntechniken. Zusammenhänge verstehen und auswendig lernen wie die Weltmeister!

Vielleicht kennst du den einen oder anderen Weltrekord im Kontext des Lernens oder du hast mal eine verrückte Show gesehen, in der irgendein Typ 5.000 zufällig gewählte Zahlen auf der Bühne nacheinander gesagt bekommen hat und sie eine Stunde später in exakter Reihenfolge – ohne einen einzigen Fehler – wiedergeben konnte. Oder du bist vielleicht immer noch verwundert, wie Scott Young alle sieben Tage eine Klausur schreiben konnte. Keine Sorge: In diesem Kapitel lernst du alle Techniken, mit denen Lernweltmeister auf Wettbewerben sich tausend Namen zu Tausenden von Gesichtern merken können und mit denen Mathematikdoktoren sich das Verständnis über Dreifachintegrale aneignen.

Ich möchte mich an dieser Stelle noch mal wiederholen: Die beste Lerntechnik nützt dir nichts, wenn du ständig prokrastinierst, unproduktiv lernst und nicht weißt, was du genau lernen musst. Bitte sorge also dafür, dass du diesen Faktoren Vorrang gibst, bis du dich um konkrete Lerntechniken kümmerst.

Unser Gehirn – ein ganzheitliches Netzwerk

Stell dir unser Gehirn wie eine Großstadt vor. Am Hauptbahnhof und in der Stadtmitte gibt es besonders viele Straßen, Gassen, Häuser und Fahrradwege. Diese Teile der Stadt sind also besonders gut vernetzt bzw. durch viele unterschiedliche Wege schnell zu erreichen.

Unser Gehirn verarbeitet und lernt nach demselben Prinzip: Es bildet Netzwerke – also Straßen und Wege – und verknüpft diese miteinander. Je mehr Straßen zu einem Haus führen, desto leichter ist es, das Haus zu erreichen. Dieses „Haus“ ist eine Metapher für eine Erinnerung oder für etwas, das wir lernen und uns dauerhaft einprägen möchten. Das Haus könnte ein Fakt, eine bestimmte Information oder eine Vokabel sein, die wir auswendig lernen müssen. Es könnte auch eine Zahl, eine Formel oder ein Zusammenhang, den wir beim Lernen verstehen müssen, sein.

Wenn wir ein gut erreichbares Haus bauen wollen, also eine Erinnerung schaffen, die sofort ins Langzeitgedächtnis wandert, dann müssen wir möglichst viele Straßen, Haltestellen und Querverbindungen zu diesem Haus schaffen. Falls wir das nicht tun, dann steht unser Haus in Buxtehude und wir können es nicht erreichen. Wir werden ganz schön viel Zeit brauchen, um nach Buxtehude zu kommen, und wahrscheinlich finden wir das Haus erst gar nicht, weil dazu höchstens ein Trampelpfad in der Pampa existiert. Die Infrastruktur des Netzwerkes ist also gar nicht da, um zu diesem Haus zu kommen, bzw. wird das Haus schnell wieder abgerissen, weil es unwichtig und zu weit weg ist.

Das neuronale Netzwerk unseres Gehirns verändert sich ständig – jede Sekunde. Es bildet neue Straßen, vergrößert wichtige Straßen und macht unwichtige Straßen und Häuser platt. Wenn wir wissen, *wie* unser Gehirn Straßen baut, dann können wir in kurzer Zeit viele Häuser bauen, die besonders gut vernetzt sind und noch Monate später problemlos befahren – also in Erinnerung gerufen werden können.

Wie du bereits im ersten Kapitel gelernt hast, arbeitet unser Gehirn in Bezug auf Motivation und Prokrastination nach einem Prioritätensystem. Dinge, die oft ausgeübt werden, bekommen eine höhere Priorität und damit auch mehr Zeit am Tag. Beim Lernen, Verstehen und Erinnern ist es ähnlich: Erinnerungen, die besonders dichte neuronale Netzwerke, also Straßenverbindungen haben, bekommen eine hohe Priorität. Diese Dinge sind schnell abrufbar, kommen sofort ins Langzeitgedächtnis und bleiben dort für eine lange Zeit. Andersherum verhält es sich bei Netzwerken, die wenige neuronale Verbindungen haben: Diese Erinnerungen werden schnell wieder gelöscht, um Platz für wichtigere Erinnerungen zu schaffen.

Unser Gehirn hat sozusagen eine Filter-App installiert, die nach bestimmten Kriterien entscheidet, welche Häuser, die in jeder Sekunde unseres Lebens gebaut werden, viele Straßen bekommen und welche Häuser keine Straßen bekommen. Das muss auch so sein, ansonsten würden wir verrückt werden: Stelle dir vor, dein Gehirn speichert jedes Mal, wenn du einen Schluck Wasser trinkst, dieses Ereignis in dein Langzeitgedächtnis und startet einen Nachbearbeitungsprozess, sodass du automatisch immer wieder daran denkst, wie du vor fünf Minuten Wasser getrunken hast, was das für dich bedeutet und wie du das nächste Mal effizienter Wasser trinken kannst. Du würdest dir ungewollt den Kopf über etwas so Unbedeutendes zerbrechen. Das kostet unnötige Energie, die das Gehirn einsparen möchte, um die Energie sinnvoller einzusetzen.

Das ist übrigens auch der Grund, warum du dich vermutlich nicht mehr daran erinnern kannst, was du vor zwei Tagen zu mittags gegessen hast: Dein Gehirn filtert es raus, um Platz für wichtigere Dinge in deinem Kopf zu machen. Schließlich willst du dich nicht zehn Stunden am Tag damit beschäftigen, zu welcher Uhrzeit du wie viel Wasser getrunken hast und wie viel Brot du zum Mittag vor zwei

Tagen gegessen hast. Dann wäre kein Platz mehr für andere Dinge in deinem Leben.

Wie das Filtersystem unseres Gehirns funktioniert und wie du es beim Lernen richtig einsetzt

Nach welchen Kriterien filtert also unser Gehirn? Warum können sich manche Erinnerungen besser einprägen als andere? Warum fällt das Pauken und Wiederholen uns so schwer?

Mache an dieser Stelle eine kleine Übung: Überlege dir, welche Erinnerungen für dich besonders bedeutend waren. Was hat sich in deinem Leben besonders stark eingeprägt? Welches Ereignis ist dir so klar vor Augen, dass du jedes Detail ohne mit der Wimper zu zucken abrufen kannst? Warum kannst du dich an genau dieses Ereignis so gut erinnern? Beantworte dir diese Fragen jetzt und lese im Anschluss weiter.

Wie du vielleicht merkst, haben die besonders einprägsamen Erinnerungen ein hohes Level an emotionaler Ladung. Es sind viele Gefühle im Spiel oder atemberaubende Bilder, wie z. B. Landschaften oder ein bestimmter Ort. Aber sicherlich keine Mathehausaufgaben.

Unser Gehirn baut die Straßen um ein Haus bzw. schafft neuronale Netzwerke im Gehirn nach den drei folgenden Hauptkriterien:

1. **Stärke der emotionalen Ladung.** Je stärker das Gefühl war, was mit dem Ereignis in Verbindung gebracht wurde, desto besser die Erinnerung. Ereignisse, in denen keine Gefühle im Spiel waren, werden schnell wieder gelöscht.
2. **Der Raum, in dem das Ereignis sich abgespielt hat**. Je mehr

visuelle Details über den Ort, an dem das Ereignis stattgefunden hat, vorhanden sind, desto stärker die Erinnerung.
3. **Außergewöhnliche Details**. Je mehr Außergewöhnliches während des Ereignisses stattfindet, desto erinnerungswürdiger ist es.

Der erste Punkt ist klar: Du musst nicht das erste Mal in deinem Leben, als du dich verliebt hast oder deine erste Trennung mit deinem Beziehungspartner auswendig lernen, um diese Erinnerung bei dir zu behalten. Die Gefühle waren so stark, dass die Erinnerung sich für immer in deinem Gehirn eingebrannt hat. Diese Erinnerungen sind so real, dass du dich an viele Details noch Jahre später so gut erinnern kannst, als wäre es gestern gewesen.

Um den zweiten Punkt zu verdeutlichen, mache bitte folgende Übung: Schließe deine Augen und durchlaufe mental den Weg von deinem zu Hause bis zu deiner Schule, bis zu deiner Uni oder deinen Weg zur Arbeit. Stelle es dir visuell vor, wie du jetzt dort hinläufst oder hinfährst. Mache diese Übung jetzt.

Ist es nicht erstaunlich, an wie viele Details du dich erinnern kannst? Du kannst jede Straße, jedes Haus und vielleicht sogar jedes Straßenschild sofort mental abrufen, sobald du diese Strecke in deinem Kopf durchläufst. Und das mit gutem Grund: Wir Menschen sind mit einem hervorragenden Orientierungssinn ausgestattet, um uns in dieser Welt zurechtzufinden. Deshalb priorisiert unser Gehirn automatisch alles, was mit örtlichen Gegebenheiten zu tun hat. Orte, Landschaften und Räume wandern bei uns schnell ins Langzeitgedächtnis, damit wir in Zukunft die richtigen Wege schnell wiederfinden können.

Damit kommen wir zum dritten Punkt: außergewöhnliche Details. Ein Schluck Wasser zu trinken ist nicht außergewöhnlich, deshalb entfernt dein Gehirn diese Erinnerung schnell und baut keine Straßen. Wenn das Glas aber herunterfällt und zerbricht, dann ist diese Erinnerung einprägsamer. Wenn jedoch durch das Zerbrechen des Glases das Wasser dein Smartphone berührt und dadurch ein Wasserschaden entsteht, dann ist dies definitiv ein außergewöhnliches Ereignis, das mit hoher Wahrscheinlichkeit direkt in dein Langzeitgedächtnis wandert. Vor allem dann, wenn du dich über das kaputte Smartphone so richtig ärgerst, denn damit kommt eine hohe emotionale Ladung hinzu.

Wenn du also eine Erinnerung schaffen willst, die sich bis zum Ende deines Lebens in deinem Langzeitgedächtnis abspeichert, dann kombiniere alle drei Faktoren: Stelle dir vor, du bist mit deinem Beziehungspartner in einem 5-Sterne-Restaurant mit einer ruhigen, dunklen und luxuriösen Umgebung (der Raum, in dem sich das Ereignis abspielt). Du willst deinem Beziehungspartner einen Heiratsantrag machen und bist so aufgeregt wie noch nie in deinem Leben – du schwitzt, zitterst und hast eine piepsige Stimme vor Nervosität (die emotionale Ladung). Nachdem du deine Frage gestellt hast und dein Partner „Ja“ gesagt hast, freust du dich riesig und willst all deine Freunde anrufen, um deine Verlobung mitzuteilen. Vor lauter Aufregung kippst du das Glas Wasser um, sodass dein Smartphone einen Wasserschaden bekommt (das außergewöhnliche Detail). Deine Erinnerung brennt sich in dein Gehirn mit dem Namen „der 1000 Euro Heiratsantrag“ ein, weil dein Smartphone äußerst teuer war und nun Schrott ist. Ein wahrlich unvergesslicher Moment für den Rest deines Lebens!

Im Folgenden wirst du zwei Techniken kennenlernen, mit denen du diese drei Faktoren – die Emotionen, den Raum und die außergewöhnlichen Details – einsetzen kannst, um bis zu 100 Dinge innerhalb eines einzigen Tages in dein Langzeitgedächtnis zu befördern.

Die Pegging-Methode – wie du verdammt viel in verdammt kurzer Zeit auswendig lernen kannst

Die Pegging-Methode („to peg" bedeutet übersetzt: etwas anklammern, aneinander bringen) ist ein Allrounder, wenn es darum geht, Fakten, Zahlen, Vokabeln, historische Daten oder Namen zu merken. Diese Technik ist einer der Klassiker, der bei Lernweltmeistern zum Einsatz kommt. Es gibt Beweise, dass diese Techniken über 2.000 Jahre alt sind. Leider sind sie gerade in der Welt der Schule und des Studiums völlig unbekannt. Ich habe diese Technik mehrere Jahre lang im Studium eingesetzt, um Dinge auswendig zu lernen, aber auch um Tausende von Vokabeln und Schriftzeichen für die chinesische Sprache schnell in mein Langzeitgedächtnis zu befördern.

Bei der Pegging-Methode visualisieren wir Bilder und Ereignisse und bestücken diese mit Emotionen und Details. Diese Bilder bestehen aus bestimmten Gegenständen. Jeder Gegenstand hat für uns eine bestimmte Bedeutung – er beinhaltet das, was wir lernen möchten in Form eines Bildes oder einer visuellen Geschichte.

Wenn wir etwas visualisieren, dann erschaffen wir eine Erinnerung. Unser Gehirn kann eine Visualisierung von einem echten Ereignis nicht unterscheiden, denn bei der Visualisierung sind dieselben Hirnareale aktiv, wie in einem echten Ereignis. Dieser Effekt ist wissenschaftlich gut belegt (Dispenza, 2017). Das heißt, dass wir künstliche Ereignisse in unserem Gehirn erschaffen können. Wenn wir die drei Faktoren, also die emotionale Ladung, den Ort und außergewöhnliche Details in das künstliche Ereignis einbauen, können wir ein Ereignis direkt in das Langzeitgedächtnis befördern.

Lass dich bitte von der Pegging-Methode und den nachfolgenden Erklärungen nicht abschrecken. Solche Lerntechniken sind in der Praxis sehr einfach einzusetzen, schrecken aber am Anfang viele Menschen ab, weil der Mensch denkt, es wäre irgendein verrückter Hokuspokus, der schwer anzuwenden wäre.

Für die Pegging-Methode brauchst du eine Vorbereitungszeit von etwa ein bis zwei Stunden. In dieser Zeit musst du Folgendes tun: Überlege dir pro Buchstaben im Alphabet einen Gegenstand. **Dieser Gegenstand muss bildlich leicht vorzustellen sein und darf keinesfalls ein Ort oder eine Umgebung sein**. Das könnte in etwa so aussehen:

A – Auto
B – Ball
C – Champignon
D – Daniel (falls du jemanden kennst, der Daniel heißt)
E – Esel
F – Fahrrad usw.

Mache das für alle 26 Buchstaben des Alphabets. Schreibe diese 26 Buchstaben-Wort Kombinationen auf einen Zettel und lerne diese 26 Kombinationen auswendig, sodass du immer weißt, welcher Buchstabe zu welchem Gegenstand gehört. Mache bitte diese Vorbereitung erst, nachdem du das Kapitel zu Ende gelesen hast, damit dir das Prinzip vorher klar wird.

Ist dir schon mal aufgefallen, dass wir uns erstaunlich schnell an einen Namen oder eine Vokabel erinnern können, wenn wir den Anfangsbuchstaben kennen? Die Pegging-Methode macht sich genau das zunutze. Aus diesem Grund wird es auch für dich nicht besonders schwer sein, diese 26 Kombinationen im Anschluss auswendig zu lernen.

Wir werden uns mithilfe dieser Kombinationen Bilder und Geschichten visualisieren, in denen diese Gegenstände vorkommen. Wenn wir uns später an diese Bilder und Geschichten erinnern, werden wir die Gegenstände uns den Anfangsbuchstaben der zu lernenden Vokabel wiedergeben und die Geschichte den Inhalt bzw. die Bedeutung der Vokabel.

Bitte achte darauf, dass du nicht sowas, wie

A – Analogie
oder
B - Bahnhof

verwendest. Das Wort Analogie ist schwer zu visualisieren und damit unbrauchbar. Der Bahnhof ist ein Ort. Orte werden wir anders einsetzen.

Ab hier wird es nun interessant: Stelle dir vor, du musst einen Vokabeltest in Englisch schreiben und du musst als Vorbereitung 50 Vokabeln auswendig lernen. Anstatt diese Vokabeln blind zu pauken, assoziierst du mental diese Vokabel mit einem deiner 26 Wörter, je nachdem, mit welchem Buchstaben die Vokabel beginnt.

Was wir jetzt tun werden, ist also Folgendes: Wir visualisieren ein

Bild in unserem Kopf oder eine ganze Szene, die mit möglichst vielen Emotionen beladen ist (emotionale Ladung), total übertrieben ist (außergewöhnliche Details) und sich an einem bestimmten Ort bzw. in einer bestimmten Umgebung abspielt (der Raum).

Ein Beispiel: Du möchtest für Englisch das Wort „Salesman" lernen, weil es im nächsten Vokabeltest abgefragt werden könnte. Du weißt, dass das Wort auf Deutsch übersetzt „Verkäufer" oder „Vertriebler" bedeutet. Demzufolge müssen wir in der Visualisierung einen Verkäufer abbilden. Ebenfalls weißt du, dass das Wort „Salesman" mit einem „S" beginnt. Für S haben wir uns

S – Schlange

in den 26 Buchstaben-Wort Kombinationen gemerkt.

Stelle dir nun Folgendes bildlich vor: Eine Schlange (Anfangsbuchstabe) geht auf einem Basar (ein Ort, der mit der Bedeutung „Verkäufer" im Zusammenhang steht) mit einem pinken Scout Rucksack (lustiges Detail) einkaufen. Sie schlendert lächelnd und strahlend durch die Gegend (emotionale Ladung), bis sie an einem Stand vorbeiläuft, an dem sie von einem glatzköpfigen Mann im Anzug (Verkäufer) angesprochen wird. Der Mann ist äußerst nervig, labert die Schlange zu und zeigt ihr sein Sortiment (Verkäufer). Er wird dabei mit jedem Produkt, das er zeigt, immer hysterischer (Verkäufer und emotionale Ladung). Durch das ganze Gelaber vom Verkäufer wird die Schlange ängstlich und kauft vor Angst einfach sein ganzes Sortiment (Verkäufer und emotionale Ladung).

Schließe nun deine Augen und stelle dir diese Szene bildlich vor. Du kannst gerne ein paar weitere Details hinzufügen: Auf dem Basar weht der Wind und du kannst diesen Wind spüren. Der Verkäufer hat einen Kopf, der fünfmal größer ist als der Rest seines Körpers. Du spürst in diesem Augenblick, wie nervig der Verkäufer ist und wie viel er redet. Du spürst dieses Gefühl. Auch kannst du die Angst der Schlange fühlen.

Mit ein bisschen Übung kannst du solche Emotionen innerhalb von Sekunden erschaffen, wenn du dich in die Visualisierung richtig hineinversetzt. Je besser du darin wirst, Emotionen in die Visualisierungen einzubauen, desto eher landet sie sofort im Langzeitgedächtnis.

Eine kleine Grundregel: Pro Visualisierung solltest du vier Details einbauen.

Wenn du nun diese Übung richtig gemacht hast, wirst du wenige Minuten lang ein kleines Feuer an Emotionen und Wahrnehmungen gefühlt haben, während du dir das Ganze vorgestellt hast. Das ist ganz bewusst so gedacht, denn je mehr du bei der Erstellung dieser Visualisierung fühlst, dir vorstellst und wahrnimmst, desto mehr Netzwerke bildet dein Gehirn. Dein Gehirn kann ein ganzes Stadtzentrum mit Hunderten von Straßen innerhalb weniger Sekunden erschaffen, wenn das gebaute Haus außergewöhnlich genug ist.

Sobald du nun einen Vokabeltest schreibst und das Wort „Salesman“ siehst, wirst du sofort, wissen, dass dieses Wort irgendetwas mit einer Schlange zu tun haben muss, denn es beginnt mit einem „S“. Da die geschaffene Erinnerung – je nachdem wie gut du deine Arbeit gemacht hast – enorm einprägsam ist, wird dein Gehirn dir sofort die zuvor visualisierte Story wiedergeben. Aus dieser Story heraus decodierst du die Bedeutung des Wortes „Salesman“. Du siehst den

Basar, den Kerl im Anzug, wie viel er gelabert hat, dass er was verkaufen wollte und, dass die Schlange ihm alles abgekauft hat. Es muss also etwas mit dem Verkaufen zu tun haben. Und schon hast du deine Bedeutung dekodiert. Je nachdem wie gut die Visualisierung war, wird dein Decodierungsprozess etwa 1–20 Sekunden lang dauern.

Dieser ganze Vorgang klingt komplizierter, als er ist. Als Anfänger kann es ein bis drei Minuten dauern, bis du eine Visualisierung erschaffen hast. Dir wird es anfangs vielleicht an Kreativität fehlen, aber unser Gehirn ist ein sehr mächtiges Werkzeug: Je mehr du übst, desto kreativer und schneller wirst du. Ich kann so eine Visualisierung innerhalb von fünf bis zehn Sekunden erstellen. In Weltmeisterschaften gibt es Intervalle, in denen beispielsweise ein Wort pro Sekunde genannt wird, sodass auf solchen Wettbewerben der Lernmeister pro Sekunde ein Wort auswendig lernt. Selbst wenn du ganze drei Minuten brauchst für eine Visualisierung, so kannst du innerhalb von 90 Minuten ganze 30 Dinge in dein Langzeitgedächtnis befördern. Nicht schlecht, oder?

Warum Visualisierungstechniken besser sind und wie du sie erfolgreich anwendest

Habe ich dich von dieser abgedrehten Lerntechnik immer noch nicht überzeugen können? Keine Sorge: Das wird sich in ein paar Minuten ändern.

Gehen wir einmal zurück zum vorhin kurz angeschnittenen Englisch-Test mit den 50 Vokabeln: Wenn du nun vor so einem Test stehst, würdest du vermutlich alle Vokabeln durch mehrfaches

Aufschreiben und Wiederholen lernen, bis du einen Großteil davon beherrschst. Du wirst eine Menge Zeit und eine Menge Wiederholungen brauchen, um an dein Ziel zu kommen.

Wenn du den traditionellen Weg mit den Visualisierungstechniken (im Fachjargon: Mnemonics) gegenüberstellst, sieht die Studienlage in etwa so aus: Bei 50 gelernten Vokabeln mit einer einmaligen Wiederholung bis zur Prüfung wird sich der klassische Pauker an etwa 30 von 50 Vokabeln (60 %) erinnern. Der Visualisierer bzw. der Mnemonic-Anwender wird sich im Durchschnitt bei einmaliger Wiederholung der Vokabeln an 48 von 50 Vokabeln erinnern, das sind über 95 % (Putnam, 2015)!

Ich kann dir diese Werte aus Erfahrung absolut bestätigen: Wenn ich eine gute Visualisierung eingebaut habe, dann erinnere ich mich grundsätzlich *immer* an die Vokabel, selbst drei bis sechs Monate später, auch wenn ich sie nur einmalig oder kein einziges Mal wiederholt habe. Du *kannst* die Vokabel gar nicht vergessen, denn sie ist so speziell, verrückt, peinlich und gestört, dass dein Gehirn sie direkt ins Langzeitgedächtnis befördert hat. Und das nach nur einer Minute oder gar schneller.

Ob deine Mnemonic – also die visualisierte Szene – gut war oder nicht, siehst du übrigens in erster Linie daran, ob du dich an sie erinnerst. Wenn du dich bei der einen Wiederholung nicht daran erinnerst, war sie nicht einprägsam genug. Kreiere dann eine neue Visualisierung.

Im Folgenden sind ein paar Tipps, wie du deine Visualisierungen einprägsamer gestalten kannst:

1. Gegenstände und Lebewesen möglichst groß machen.
2. Sich Gefühle vorstellen: Wut, Angst, Freude, Aufgeregtheit, Nervosität, Trauer, Scham, Liebe, Frieden, Eifersucht, Verzweiflung.
3. Sich vorstellen, Geräusche und Klänge zu hören (z. B. Wind, Explosionen, Krach, etc.).
4. Sexualität, Tabus, Perversionen: je verrückter und abgedrehter, desto einprägsamer.
5. Orte, Landschaften, Gebäude: Lege die Mnemonic an einem Ort ab, an der du sie im Geiste schnell wiederfinden kannst oder erschaffe einen Ort in deiner Fantasie.
6. Gerüche: Gerüche erzeugen eine der stärksten Erinnerungen im Menschen.
7. Absurde Szenarien: Frisbee spielen mit einer Pfanne, iPhones bis zum Mond werfen oder Piratenschlachten auf einer Brotdose.

Das Schöne an Visualisierungen ist, dass sie nicht nur deutlich effektiver sind, sondern auch eine Menge Spaß machen. Über die eine oder andere Mnemonic muss ich mich noch heute totlachen, wenn ich an sie denke. Also: Habe Spaß, sei kreativ und probiere dich aus. Lass dich von dem geschriebenen Text in diesem Buch nicht irritieren. In der Praxis sind Visualisierungen einfach – sie sind lediglich etwas schwerer, im Geschriebenen zu erklären.

Übrigens: Du kannst natürlich auch andere Dinge mit der Pegging-Methode auswendig lernen, nicht nur Vokabeln, sondern auch z. B. Mathe Formeln.

$$f(x) = \frac{1}{\sqrt{x}}$$

Hier musst du für die Zahlen 0–9 eine Eselsbrücke bilden.

0 – Zeitung
1 – Smartphone
2 – Fahrrad
...

Außerdem brauchen wir etwas für den Buchstaben „X“:

X – Xylofon

Hier kannst du dir beispielsweise vorstellen, dass du ein Smartphone (1) in einem zweistöckigen Haus in der oberen Etage (Zähler des Bruchs) durch die Gegend geworfen wird, während im unteren Teil des Stockwerks ein Baum mit seinen Wurzeln (die Wurzel in der Formel) auf einem Xylofon (X) eine Melodie spielt.

Mit der Pegging-Methode habe ich gerade im Fach Statistik ziemlich verrückte und deutlich komplexere Formeln auswendig gelernt, gerade weil wir in unserer Klausur etwa 40 Stück auswendig lernen mussten. Das Pegging hat mir hier das Leben gerettet und eine 1,0 beschert.

Dasselbe gilt für das Lernen von historischen Daten und Fakten: Das Jahr 1492, welches du dir für deine Geschichtsprüfung merken musst, wird zu irgendeiner abgedrehten Sex-Story, in der ein Seefahrer auf einem fliegenden Schiff Meerjungfrauen geangelt hat, um diese in Amerika an das Volk zu verteilen. Der Vorname eines neuen Freundes wird zu einem wütenden Kaffeeautomaten, der diesen Freund verprügelt. Hitlers totaler Krieg wird zu einem Baseball-Match für schwule Elefanten, usw.

Wirklich alles, was du nur ansatzweise auswendig lernen musst (und seien wir mal ehrlich: Schule und Studium haben einen Auswendig-Lern-Anteil von 30–80 %), kannst du mithilfe der Pegging-Methode in kurzer Zeit in deinem Langzeitgedächtnis speichern. Du wirst natürlich unter Umständen ein paar Sekunden brauchen, um die Visualisierung während der Prüfung zu decodieren, jedoch kannst du mit dieser Technik selbst als blutiger Anfänger problemlos 30 Dinge pro Tag lernen. Mit etwas Erfahrung auch 100 oder gar noch mehr. Wenn dir die Geschwindigkeit beim Decodieren in einem Test sehr wichtig ist, kannst du das Gelernte zwei- bis dreimal im Abstand von wenigen Tagen vor der Prüfung wiederholen.

Zahlen, Daten und Fakten in einer bestimmten Reihenfolge auswendig lernen

Oftmals müssen wir nicht nur etwas auswendig lernen, sondern es auch in einer bestimmten Reihenfolge wiedergeben. Hierfür gibt es eine Spielart der Pegging-Methode: Das Memory Palace oder auch Loci Methode genannt. Mit dieser Methode lernen Nerds innerhalb weniger Stunden die ersten 5.000 Zahlen von auswendig, um sie anschließend mit 100%iger Genauigkeit wiederzugeben.

Das Memory Palace ist in der Mnemonic Szene viel bekannter als das Pegging, die Anwendungen sind für uns Schüler und Studenten jedoch begrenzt. Wenn du nichts in einer Reihenfolge auswendig lernen musst, dann brauchst du diese Technik meiner Meinung nach nicht.

Für den Memory Palace benötigst du einen vertrauten Raum, dessen Details du gut kennst, wie z. B. dein Schlafzimmer. Die Technik funktioniert so: Nehmen wir an, du müsstest die letzten zehn Bundespräsidenten Deutschlands nacheinander in ihrer Amtszeit in deiner Geschichtsprüfung aufschreiben können.

Um eine bestimmte Reihenfolge festzulegen, stelle dir nun vor, du durchläufst mental dein Schlafzimmer. Du hast einen Startpunkt und einen Endpunkt. Beispielsweise stehst du gerade außen an der Eingangstür und blickst in dein Zimmer hinein. Nun gehst du in dein Zimmer rein und du läufst nach links. Welchen Gegenstand siehst du zuerst? Du siehst dein Bett.

Mache mit diesem ersten Gegenstand, also dem Bett, nun Folgendes: Assoziiere dein Bett mit dem ersten Bundespräsidenten: Heinrich Lübke. Nehmen wir an, du hast folgende Gegenstände für die Anfangsbuchstaben vorbereitet:

H – Hose
L – Leine

Jetzt kannst du dir vorstellen, dass eine aggressive Hose („H" für „Heinrich") mit voller Wucht probiert, mit einer Leine („L" für „Lübke") das Bett zu fesseln. Und schon hast du „H" und „L" abgespeichert. Damit sollte es für dich einfach sein, beim späteren Durchlaufen der Anfangsbuchstaben auf den vollständigen Namen zu kommen. Falls dir diese zwei Buchstaben nicht ausreichen, kannst du die Anfangsbuchstaben jeder Silbe im Namen mit dem Bett assoziieren – in diesem Fall hättest du dann vier Buchstaben, anstatt nur zwei.

Jetzt gehst du weiter im Raum. Was siehst du? Deinen PC. Jetzt kannst du an den PC Gustav Heinemann verewigen, dann läufst du weiter und assoziierst den 3. Präsidenten, den 4. Präsidenten, usw.

Wichtig ist, dass du nicht vergisst, wo dein Start ist und, dass du nicht quer durch dein Zimmer läufst. Mache einen großen Rundlauf, dann verlasse dein Zimmer und gehe in ein anderes Zimmer, falls deine Reihenfolge länger ist. Das Memory Palace eignet sich hervorragend für Reihenfolgen, aber schlecht für einzelne Vokabeln bzw. einzelne Fakten, denn du weißt nie genau, wo das gesuchte Wort liegt – du musst dein Memory Palace, also dein Zimmer oder einen anderen Ort immer komplett ablaufen, um ein einzelnes Wort zu finden.

Wenn du mehrere Hundert Dinge in einer Reihenfolge lernen möchtest, wird dir dein eigenes Haus irgendwann nicht mehr reichen. Gehe dann einfach nach draußen spazieren, schaue dir die Gegend exakt an. Im Normalfall reicht ein einziger, konzentrierter Durchgang, um sich eine neue Umgebung zu merken (du solltest natürlich genau hinschauen und dich nicht mit Handy und Co. ablenken). Nach einem Durchgang hast du wieder einen neuen Ort mit Gegenständen, den du befüllen kannst. Genauso machen es die Wettkämpfer: Sie suchen sich neue Orte, z. B. das Innendeck eines Schiffs (weil dieses besonders viele Gegenstände hat), an die man Mnemonics drankleben kann. Sie schauen sich das Schiff einmal genau an, laufen durch und schon haben sie einen neuen Memory Palace geschaffen. Das funktioniert so gut, eben weil unser Gehirn automatisch Orte, Gebäude und Landschaften in das Langzeitgedächtnis befördert, denn unser Filtersystem vergibt diesen Dingen eine hohe Priorität.

Den Lernstoff verstehen und Schwächen erkennen mit der Feynman-Technik

Auch diese Technik lässt sich für jedes Fach anwenden, jedoch geht es hier um das Verstehen und nicht um das Auswendiglernen. Demzufolge eignet sich diese Technik besonders gut für Naturwissenschaften und für wirtschaftliche Fächer – für alles, was du verstehen musst, statt es nur auswendig zu lernen.

Die Technik funktioniert folgendermaßen: schnapp dir eine Aufgabe, an der du gerade arbeitest oder dessen Zusammenhänge du verstehen möchtest. Nun stelle dir vor, du gibst einem 10-Jährigen eine Nachhilfestunde und du musst ihm genau diese Zusammenhänge *erklären*. Du musst diese Zusammenhänge so erklären können, dass es ein 10-Jähriger verstehen kann.

Ein Beispiel: Nehmen wir an, du bereitest dich gerade auf eine Prüfung im Fach Rechnungswesen vor. Du möchtest den Zusammenhang zwischen Forderungen und Verbindlichkeiten verstehen, da dies zu den Grundlagen der Prüfung gehört. Jetzt sitzt dir ein imaginärer 10-Jähriger und stellt dir Fragen:

„Was bedeutet Forderungen?“

„Warum stehen Forderungen auf der Aktivseite und Verbindlichkeiten auf der Passivseite?“

Alternativ kannst du einfach von Anfang an alles erklären, was dir zu diesem Thema einfällt. Tue so, als hätte der 10-Jährige überhaupt keine Ahnung von Rechnungswesen.

Du wirst schnell merken: Du kommst ganz schön ins Schwitzen und weißt gar nicht, wie du die eine oder andere Sache erklären sollst. Falls dir das passiert: Perfekt! Jetzt weißt du genau, was du noch *nicht* verstanden hast. Gehe also zurück zu deinem Lernstoff und eigne dir das fehlende Wissen an, bis du dem 10-Jährigen alles perfekt erklären kannst. Ob du diese Übung mündlich oder schriftlich machst, überlasse ich dir.

Sobald du alles sauber und flüssig erklären kannst, kannst du dir sicher sein, dass du es wirklich verstanden kannst.

Es gibt einen Grund, warum so viele Menschen behaupten, dass das Lehren eine der besten Formen des Lernens ist, denn beim Lehren stimulierst du ebenfalls ein ganzes Feuerwerk an Neuronen in deinem Gehirn. Wenn du etwas erklärst, verbindest du es. Du musst Zusammenhänge verstehen. Du kannst es wie einen Test deines Gehirns sehen, an dem du erkennst, wie gut einzelne Areale vernetzt sind bzw. ob noch einige Straßen fehlen, die gebaut werden müssen. Selbstverständlich stärkt auch das Erklären dein neuronales Netzwerk enorm, sodass sich auch dein Erinnerungsvermögen steigert. Frei nach dem Motto: Etwas zu verstehen ist verdammt schwer, aber sobald man es verstanden hat, wird es einfach.

Der große Vorteil an der Feynman-Technik ist, dass du deine eigenen Schwachstellen schnell erkennst und diese schnell lösen kannst. Gerade bei naturwissenschaftlichen und wirtschaftlichen Fächern ist das enorm hilfreich und kann dir viele Stunden Zeit einsparen: Statt in Mathe das Umstellen von Formeln ständig in der Hoffnung zu üben, dass du besser wirst, erklär doch gleich dem 10-Jährigen, warum genau man diese Formel so und so umstellen sollte, warum es Punkt-vor-Strich-Regeln gibt, warum eine Gleichung immer gleich bleiben sollte, usw. Wenn du all deine Schwachstellen schneller erkennst, kommst du deutlich schneller ans Ziel.

Die Grundregel der Feynman-Technik lautet: Erst wenn du etwas perfekt erklären kannst, dann hast du es auch verstanden.

Zusammenfassung: Die besten Lerntechniken für deine Bestnote

Es gibt einen Grund, warum du in diesem Buch nur zwei bis drei Lerntechniken gelernt hast: Du brauchst keine anderen. Mit der Pegging-Methode hast du das Pauken abgedeckt und mit der Feynman-Technik kannst du alles erlernen, was Erklärungsbedarf hat.

Während die Feynman-Technik ab der ersten Sekunde funktioniert, wirst du bei der Pegging-Methode etwas Übung brauchen. Habe aber keine Angst: Selbst als Anfänger wirst du mit dieser Technik astronomische Fortschritte machen und dich darüber wundern, wie gut du dir Dinge merken kannst. Außerdem macht es wirklich Spaß, sich verrückte Sachen auszudenken.

Im Folgenden findest du die Zusammenfassung des Kapitels.

Ob eine Erinnerung im Langzeitgedächtnis gespeichert wird oder nicht, hängt von diesen drei Faktoren ab:

1. Stärke der emotionalen Ladung. Je stärker das Gefühl, desto stärker die Erinnerung.
2. Der Raum, in dem sich das Ereignis abgespielt hat. Wenn der Raum, der Ort, die Landschaft oder die Umgebung klar vor

deinem geistigen Auge sichtbar sind, ist das Erinnerungsvermögen weitaus stärker.
3. Außergewöhnliche Details. Je außergewöhnlicher, desto erinnerungswürdiger.

Die Pegging-Methode

Die Pegging-Methode macht sich diese drei Faktoren zunutze. Durch sie erschaffen wir Visualisierungen mit hoher emotionaler Ladung an verschiedenen Orten und außergewöhnlichen Details, um unseren Lernstoff innerhalb von Sekunden in das Langzeitgedächtnis zu befördern.

Um die Pegging-Methode anzuwenden, musst du Folgendes vorbereiten:

1. Überlege dir pro Buchstaben im Alphabet einen Gegenstand. Dieser Gegenstand muss leicht bildlich vorzustellen und darf kein Ort und keine Umgebung sein. Mache das für alle 26 Buchstaben des Alphabets.
2. Lerne die 26 Buchstaben-Wort-Kombinationen auswendig und schreibe sie dir irgendwo auf, falls du etwas vergessen solltest.

Anwendung der Pegging-Methode für das Lernen von Vokabeln, Informationen, Fakten und Formeln:

1. Stelle dir ein Bild oder eine Geschichte mental vor. Die Geschichte sollte die Bedeutung der zu lernenden Sache darstellen.

2. Nimm eins oder mehrere der 26 Buchstaben-Wort-Kombinationen, um die Anfangsbuchstaben der zu lernenden Sache in die Geschichte hinein zu codieren.
3. Baue mindestens vier Details ein. Diese können Sinneswahrnehmungen sein (Geräusche, Geschmäcker, Gerüche) oder Gefühle.
4. Gestalte die Visualisierung so übertrieben, abgefahren, absurd und verrückt wie nur möglich. Sei kreativ und habe Spaß!

Beim Auswendiglernen von Dingen in bestimmter Reihenfolge nutze die Memory Palace Technik:

1. Wähle einen vertrauten Raum oder Ort, den du gut visualisieren kannst, z. B. dein Schlafzimmer oder deinen Schulweg.
2. Finde einen festen Startpunkt und einen festen Endpunkt. Diese sollten intuitiv sein (z. B. der Anfang deines Schulweges sollte dein Startpunkt sein). Dieser Startpunkt legt den Beginn der Reihenfolge fest, die du auswendig lernen möchtest.
3. Laufe durch diesen Ort und assoziiere den ersten Gegenstand, den du beim mentalen Durchgang findest (z. B. das erste Straßenschild auf dem Schulweg), mit dem ersten Wort der Reihenfolge, die du auswendig lernen möchtest. Benutze dazu deine Vorarbeit mit der Pegging-Methode, um die Anfangsbuchstaben des Wortes mit z. B. dem Straßenschild zu assoziieren.
4. Laufe mental die Strecke weiter ab und verbinde nun den 2. Gegenstand mit dem 2. Wort in der Reihenfolge, die du lernen möchtest.
5. Achte darauf, dass du allen Gegenständen, denen du auf der mentalen Strecke siehst, nur einmal begegnest. Ansonsten verwirrst du dich.

Lernstoff und komplexe Zusammenhänge verstehen, Schwächen erkennen:

1. Stelle dir vor, du würdest den Lernstoff einem 10-Jährigen erklären.
2. Erkläre alles von Anfang an so, dass es auch ein 10-Jähriger verstehen kann.
3. Wenn du etwas nicht erklären kannst, dann gehe zu deinem Lernstoff zurück und hole diese Lücke nach.
4. Sobald du etwas perfekt und flüssig erklären kannst, hast du es auch verstanden und bist für die Prüfung vorbereitet.

Mit diesem Buch zu deiner Bestnote

Du hast alle vier Geheimnisse der Bestnote kennengelernt und verstanden: Du weißt, wie du Motivation aufbaust, wie du Prokrastination bezwingst, wie du produktiv lernst, wie du das richtige Lernmaterial einsetzt und *wie* du lernen kannst. Ab jetzt heißt es nur noch: Üben, üben, üben!

Natürlich wirst du nicht alles in diesem Buch direkt implementieren können (auch wenn ich dir aus tiefstem Herzen wünschen würde), deshalb kannst du erst mal kleine Brötchen backen. Du kannst beispielsweise regelmäßig an deiner Motivation arbeiten, indem du die 2-Schritt-Methode anwendest und parallel dazu die eine oder andere Produktivitätstechnik einsetzen. Lasse dir im Anschluss eine Woche Zeit, bis du weitere Dinge implementierst und kehre im Anschluss zu diesem Buch zurück.

Wie ich bereits mehrmals erwähnt habe, wird dir dieses Buch nichts nützen, wenn du es lediglich liest, aber nichts anwendest. Um dieses Problem in Angriff zu nehmen, könntest du dir beispielsweise eine sich wöchentlich wiederholende Aufgabe in deiner To-do-Liste einfügen, in der du aufgeschrieben hast, dass du jede Woche eine neue Sache aus diesem Buch ausprobierst (sich wöchentlich wiederholende Aufgaben kannst du in Wunderlist einstellen).

Markiere dir die Stellen in diesem Buch, in denen sich die Zusammenfassungen befinden. Kehre dorthin zurück, wenn du Lust auf mehr hast oder wenn du etwas Neues ausprobieren möchtest.

Solltest du selbst nach erster Anwendung der Methoden aus dem ersten Kapitel immer noch Motivationsprobleme haben, dann habe Geduld und bleibe am Ball: Eine Gewohnheit, die sich jahrelang aufgebaut hat, lässt sich nicht innerhalb weniger Wochen komplett beseitigen. Das gilt vor allem dann, wenn diese Gewohnheit psychische Hintergründe hat, die verstanden und aufgelöst werden müssen, um deine Motivation freizuschaufeln.

Lasse dich auf die Lerntechniken ein, die du soeben gelernt hast. Du wirst mit etwas Übung schnell merken, wie wirkungsvoll sie sind und warum Lernweltmeister mit diesen Methoden so erfolgreich arbeiten. Du kannst mit der Pegging-Methode und mit der Feynman-Technik fast alles abdecken, was du jemals in Schule und Studium lernen wirst.

Wie gut hat dir dieses Buch gefallen?

Auch wenn man es überall und immer wieder hört: Deine Meinung *ist* wichtig. Gerne kannst du mir eine E-Mail an vk@kauf-cc.net schicken und mir sagen, was du von meinem Buch hältst. Vielleicht willst du ein Lob aussprechen oder du hast viel Kritik und Verbesserungsvorschläge. In beiden Fällen können wir uns gerne über deine Meinung austauschen.

Ich werde in Zukunft mehr Bücher schreiben (und auch in Kooperation mit Experten schreiben lassen). Deshalb lege ich auf jede Leser-Meinung enormen Wert, da ich mich mit jedem Buch qualitativ verbessern möchte.

Wenn es also etwas gibt, das du mir mitteilen möchtest, dann schreibe mir jetzt eine E-Mail!

Literaturverzeichnis

Burkland S.; Derek S. (2013): The Effects of Taking a Short Break: Task Difficulty, Need for Recovery and Task Performance. University of Wisconsin-Stout, Graduate School.

Dispenza, J. (2017): Becoming Supernatural. How the Common do the Uncommon. Hay House UK, Ltd. ISBN: 9781401953096.

Donner E. (2012): Determining Effectiveness of Brain Breaks On Student Performance. Northwest Missouri State University Missouri.

Elsevier (2006): Sleep loss, learning capacity and academic performance. University of Rome, La Sapienza. DOI: 10.1016/j.smrv.2005.11.001

Harne A. (2017): Availability for Learning: Effects of Mindfulness Meditation on Student Cognitive Abilities. Philadelphia College of Osteopathic Medicine, Department of Psychology.

Legault, L. (2016): Intrinsic and Extrinsic Motivation. Clarkson University. DOI: 10.1007/978-3-319-28099-8_1139-1

Putnam, A. (2015): Mnemonics in Education. Current Research and Applications.
DOI: 10.1037/tps0000023

Young, S. (2012): MIT Challenge. Can you get an MIT education for 2000 USD? Blog-Link: https://www.scotthyoung.com/blog/myprojects/mit-challenge-2/. Zuletzt aufgerufen am: 29.07.2019.
Deutsche Erstausgabe 2019

Vladislav Kaufman
Königsbergstraße 6
97424 Schweinfurt
USt. ID: DE325190422
Kontakt: vk@kauf-cc.net

Covergestaltung: Richard Van Winkle und Wolkenart
Satz und Layout: Wolkenart - Marie-Katharina Wölk,
www.wolkenart.com
Lektorat/Korrektorat: Alexander Kaufman
ISBN: 9781688362970
Printed by Amazon Distribution

Printed in Poland
by Amazon Fulfillment
Poland Sp. z o.o., Wrocław

63249331R00082